Marc Simard

Les éteignoirs

LES ÉDITIONS
voix para//è/es

Catalogage avant publication de Bibliothèque et Archives nationales du Québec et Bibliothèque et Archives Canada

Simard, Marc, 1952-

   Les éteignoirs

   Comprend des réf. bibliogr.

   ISBN 978-2-923491-03-5

   1. Québécois – Attitudes. 2. Contestation – Québec (Province). 3. Planification sociale – Québec (Province). I. Titre.

FC2926.2.S55 2007   303.3'809714   C2007-941570-9

Auteur
Marc Simard

Conception visuelle
Bernard Méoule

Infographie
Francine Bélanger

Révision linguistique
Karine Bilodeau

Les Éditions voix parallèles

Président
André Provencher

Directeur de l'édition
Martin Rochette

Éditrice déléguée
Martine Pelletier

Dépôt légal – Bibliothèque et Archives nationales du Québec, 2007
Dépôt légal – Bibliothèque et Archives Canada, 2007
3ᵉ trimestre 2007
ISBN 978-2-923491-03-5

Imprimé et relié au Québec

L'éditeur remercie le gouvernement du Québec pour l'aide financière accordée à l'édition de cet ouvrage, par l'entremise du Programme de crédit d'impôt pour l'édition de livres, administré par la SODEC.

L'éditeur bénéficie du soutien de la Société de développement des entreprises culturelles (SODEC) pour son programme d'édition et pour ses activités de promotion.

Nous reconnaissons l'aide financière du gouvernement du Canada, par l'entremise du Programme d'aide au développement de l'industrie de l'édition (PADIÉ), pour nos activités d'édition.

LES ÉDITIONS voix para//è/es

7, rue Saint-Jacques
Montréal (Québec)
H2Y 1K9

1 800 361-7755

Table des matières

Introduction

C et essai repose d'abord sur un constat de faits : dans le Québec du début du XXIe siècle, tout projet de développement économique est remis en question par des coalitions hétéroclites d'opposants qui le combattent sans discernement et sans merci jusqu'à ce qu'il soit abandonné (et non pas modifié ou amendé). C'est ce que l'ancien premier ministre Bernard Landry appelle le « nonisme[1] ». L'opposition de ces cartels n'a pas toujours les mêmes conséquences : certains projets mal ficelés ou carrément néfastes, comme le Suroît, finissent par être mis de côté, tandis que d'autres, globalement positifs comme le harnachement de la rivière Rupert, passent la rampe de l'opinion publique et des examens pour être finalement réalisés. Cette opposition citoyenne peut ainsi être bénéfique, mais elle est hélas le plus souvent néfaste et improductive. Cet essai repose aussi sur une hypothèse, qui veut que l'anticapitalisme soit le plus petit dénominateur commun, pour ne pas dire le ciment, de tous les groupes qui contribuent à ce climat de « nonisme »

---

1. Ce terme, qui décrit l'attitude de rejet systématique d'un certain nombre d'individus et de groupes de tout projet ou investissement, a été lancé en public pour la première fois, à notre connaissance, par l'ancien premier ministre Bernard Landry, alors qu'il était interviewé par la journaliste Julie Miville-Dechêne de Radio-Canada.

dans le monde occidental en général et au Québec en particulier. Cet anticapitalisme peut être de tendance néomarxiste, anarchiste ou chrétien-médiéval.

L'anticapitalisme néomarxiste reprend, en la renouvelant sur le plan lexical, l'analyse de Karl Marx sur la division de la société en classes et sur la lutte opposant les principales d'entre elles au sein d'un mode de production[2]. Dans le mode de production capitaliste (aujourd'hui rebaptisé « économie de marché »), la lutte des classes oppose les ouvriers (aujourd'hui les travailleurs salariés et les démunis) aux bourgeois (aujourd'hui les entrepreneurs et les nantis), avec pour enjeu le contrôle de l'État (aujourd'hui minimalement la définition de ses priorités). Bien sûr, les néomarxistes, sauf la frange estudiantine du mouvement, n'osent plus se dire communistes tant ce vocable a été avili par les horreurs staliniennes, maoïstes et autres du XXᵉ siècle[3]. Ils préfèrent se présenter comme « citoyens », ce terme étant opposé à « État » et à « lobbies » et associé à « démocratie » et à « droits ». Bien que les néomarxistes n'aient aucun mandat de la population en ce sens, ils se disent porteurs de la « parole citoyenne » contre les injustices sociales.

L'anticapitalisme de type anarchiste se veut plus radical que le premier, et il jouit d'une sorte de virginité historique du fait que, évidemment, aucune société de type anarchiste n'a vu le jour dans le monde contemporain (ou même dans l'histoire humaine jusqu'à ce jour). Non seulement l'anarchiste rejette-t-il l'économie de marché, mais il veut en outre abattre l'État, considérant celui-ci comme une source d'oppression quel que soit le parti ou le groupe social qui le dirige. C'est pourquoi, lors de manifestations, les anarchistes s'en

---

2. Karl Marx, *Le manifeste du Parti communiste*, Paris, UGE, 1962 (1847), 188 p. (coll. : « 10/18 »).
3. Sur les horreurs du communisme, voir « Les crimes du communisme », dossier dans *L'Histoire*, nᵒ 247 (octobre 2000), p. 36-73 et François Furet, *Le passé d'une illusion. Essai sur l'idée communiste au XXᵉ siècle*, Paris, Robert Laffont/Calmann-Lévy, 1995, 580 p.

prennent violemment aux policiers, qui ne peuvent être que des instruments de l'oppression étatique envers l'individu, parce qu'ils estiment que la répression policière (qu'ils cherchent à provoquer) ouvrira les yeux du peuple sur la nature intrinsèquement répressive de l'État. Les tenants de cette idéologie, inspirée de penseurs du XIXᵉ siècle dont le plus célèbre est Bakounine[4], se considèrent comme faisant partie de la gauche en général bien que les marxistes aient chassé leurs ancêtres de la Première Internationale en 1872. Il est toutefois difficile pour le commun des mortels de comprendre en quoi l'abolition de l'État contribuera à l'amélioration du sort des classes populaires puisqu'elle débouchera nécessairement sur la loi du plus fort et la mise en place d'un système libertaire de type *far-west* ou sur une dictature de la pègre ou des partisans d'un ordre social autoritaire et inégalitaire. Les anarchistes bakouninistes habillés de noir constituent la partie la plus visible du mouvement.

Le troisième type d'anticapitalisme tire son origine du Moyen Âge occidental où une majorité de la population, sous la houlette de l'Église catholique, méprise le profit et l'argent. Fondé sur certaines paroles (comme le discours sur la montagne, où il aurait dit : « Bienheureux les pauvres, car ils verront Dieu ») et sur certains gestes (l'épisode où il « chasse les vendeurs du temple ») de Jésus de Nazareth tels que rapportés dans les Évangiles traduits en latin par saint Jérôme[5], cet anticapitalisme ne rejette pas totalement l'activité manufacturière, commerciale et financière, mais il cherche à la contrôler et la tient en haute suspicion. En effet, « le marchand n'a pas sa place dans le schéma idéal des trois ordres », son travail « n'est pas un *labor*, mais un enrichissement sur le *labor* des autres », et le gain qu'il en retire « est associé à l'usure, péché hautement condamnable », raisons pour lesquelles l'évêque Aldabéron de Laon condamne son activité

---

4. Mikhaïl A. Bakounine, *L'État et l'anarchie*, (1873).
5. Didier Méhu, Gratia Dei. *Les chemins du Moyen Âge*, Montréal, Fides, 2003, p. 104.

en 1120[6]. Bien sûr, l'Église devra s'adapter au négoce et à l'activité manufacturière compte tenu de la renaissance du commerce et de l'artisanat à partir du XIe siècle. Ainsi, Thomas d'Aquin (XIIIe siècle) reconnaîtra que l'œuvre du marchand est un travail à condition de ne pas dépasser un « gain raisonnable » et il légitimera le prêt à intérêt à condition qu'il ne dépasse pas un « taux juste » (20 % par an)[7]. Mais la méfiance à l'égard de l'univers du commerce et de la finance ne disparaîtra pas et continuera à teinter le discours ecclésiastique jusqu'à nos jours. Le monde médiéval dans son ensemble est pétri d'esprit anticapitaliste : ainsi, les communautés paysannes sont-elles conçues de manière à promouvoir la solidarité et à façonner des rapports sociaux fondés sur le modèle de la charité chrétienne[8], tandis que la parcellisation des terres et l'existence de communes favorisent une certaine forme d'égalitarisme, aux dépens même de la productivité. C'est cet esprit, mi-religieux mi-social, qui a été trans- planté en Nouvelle-France par la colonisation française et qui a été renforcé par un siècle de domination clérico-nationaliste (1840- 1960).

Ces trois formes d'anticapitalisme sont le ciment des coalitions « nonistes » qui pullulent au Québec actuellement (on pourrait même dire qu'elles y « champignonnent »). « Annoncez un projet au Québec et il y a une levée de boucliers de certains groupes, qui sont très présents, très vocaux, très visibles et qui ont un accès direct aux caméras de télévision », déplorait récemment l'ancien premier ministre Lucien Bouchard[9]. Les membres de ces coalitions critique- ront le projet sans relâche, en faisant appel à l'opinion publique avec la collaboration des médias, jusqu'à ce qu'il soit abandonné. Et

---

6. *Ibid.*, p. 74.
7. *Ibid.* On notera l'utilisation de termes moraux comme « raisonnable » et « juste », ce dernier faisant d'ailleurs partie du bagage lexical de la gauche contemporaine, qui l'associe régulièrement avec « impôt ».
8. *Ibid.*, p. 37.
9. Cité dans Maxime Bergeron, « Rêver grand ou manquer le train ? », *La Presse Affaires*, 13 mai 2006, p. 3.

ils gémiront haut et fort et se répandront en imprécations et en anathèmes s'il est finalement lancé. Conférences et communiqués de presse, pétitions, textes d'opinion dans les journaux, manifestations, demandes de moratoires et sites Web seront leurs instruments de prédilection. Et leurs principaux arguments (quel que soit le projet) sont les dangers que celui-ci fait courir à la population ou à certains segments de celle-ci, son caractère mercantile et le fait qu'il n'est pas une absolue nécessité, la protection du patrimoine, de l'environnement ou des démunis, l'existence de solutions alternatives (évidemment communautaires et écologiques) et la défense d'une société juste et solidaire. De sorte que plusieurs chroniqueurs, gens d'affaires et simples citoyens dénoncent, depuis un certain temps déjà, l'« immobilisme » du Québec, qu'illustrent, ces dernières années, les multiples abandons de projets majeurs et les délais considérables nécessaires avant la mise en œuvre des chantiers[10]. Certains rendent même ce climat responsable de la faiblesse des investissements publics et privés au Québec, lequel se classait au dixième rang des provinces canadiennes en 2006, avec une rachitique augmentation de 0,9% selon Statistique Canada[11].

Dans son *Éloge de la richesse*, Alain Dubuc analyse les forces du *statu quo* à l'œuvre au Québec qui, écrit-il, « souffre d'une forme aiguë d'immobilisme », lequel paralyserait toute réforme et le rendrait littéralement ingérable[12]. Selon l'éditorialiste et écrivain, tout changement provoquera l'opposition d'un certain nombre de gens, certains « parce qu'ils savent très bien que la situation actuelle les avantage », d'autres « parce qu'ils ne savent pas trop ce que l'avenir leur réserve et qu'ils ne veulent pas perdre au change »[13]. À son avis, si la résistance au changement est plus forte au Québec qu'ailleurs, c'est que

---

10. *Ibid.*, p. 2.
11. Maxime Bergeron, « Investissements " anémiques " au Québec », *La Presse Affaires*, 13 mai 2006, p. 2.
12. Alain Dubuc, *Éloge de la richesse*, Montréal, Les Éditions voix parallèles, 2006, p. 145-146.
13. *Ibid.*, p. 148.

le « processus naturel du débat public, qui permet d'en arriver à des arbitrages et à des consensus, ne semble plus vraiment fonctionner », et que « la liste des groupes qui peuvent craindre, à tort ou à raison, de perdre des plumes dans un processus de changement est fort longue »[14]. Parmi ces groupes, il identifie : les nationalistes qui se méfient des changements qui « pourraient peut-être affaiblir l'État et réduire sa capacité de bien défendre les intérêts du Québec »; les employés des secteurs public et parapublic, « qui voudront préserver leurs conditions de vie »; et tous ceux (le monde culturel, les organismes populaires, les ONG, les municipalités, les régions, les grands groupes de pression et les bénéficiaires de l'aide sociale) « dont les activités ou le bien-être dépend de l'aide de l'État ». Et d'identifier comme principale force de résistance au changement les grandes centrales syndicales, devenues à ses dires « un pilier du conservatisme »[15] et emberlificotées par quatre grands dogmes, soit « le maintien des droits acquis, la peur des précédents, la logique du troc et le principe d'extériorité (demander sans jamais avoir à mettre les mains à la pâte) »[16].

Bien que je sois d'accord avec l'essentiel de cette analyse, je pense que, pour comprendre la nature des coalitions « nonistes » et des forces qui y œuvrent, il faut développer une autre typologie, moins classique (ce sera notamment l'objet du chapitre premier), et les aborder selon un angle différent, qui consiste à faire ressortir leurs principaux arguments et à les déconstruire pour en exposer les fondements et les faiblesses (ce sera l'objet des chapitres 4 à 7, où j'étudierai respectivement l'opposition au projet Rabaska, à la construction de condos dans le quartier Saint-Henri, au harnachement de la rivière Rupert et au dégel des frais de scolarité). J'y démontrerai

14. *Ibid.*, p. 149.
15. *Ibid.*, p. 151.
16. *Ibid.*, p. 153.

notamment que l'opposition des membres de la coalition Rabat-Joie est essentiellement un mouvement du type « pas-dans-ma-cour », que la lutte des groupes communautaires contre la construction de condos relève de l'utopie à la mode du XIXe siècle, que le combat contre le projet Rupert est une épopée romantique qui rate sa cible, soit la préservation de l'environnement, et que la défense acharnée du gel des frais de scolarité par les leaders du mouvement étudiant relève davantage du réflexe corporatiste que de la justice sociale. On y constatera notamment que l'anticapitalisme (à fondement religieux, marxiste ou anarchiste, tel que décrit ci-dessus et dans le chapitre 2) constitue le fonds de commerce commun de ces coalitions d'éteignoirs, qui l'utilisent volontiers comme une arme (au demeurant fort efficace compte tenu du climat idéologique prévalant au Québec) dans le débat public. Quant au chapitre 3, il se veut une déconstruction du discours dit « de gauche » au Québec, où il sera démontré que la revendication de cette appellation soi-disant avant-gardiste et le progressisme sont loin d'aller toujours de pair.

Le fait que je critique les coalitions de « nonistes » et que j'étudie plus en profondeur quelques dossiers chauds et controversés des dernières années ne signifie pas pour autant que je sois totalement en accord avec ces projets, et encore moins avec n'importe quel projet de développement sous prétexte de développement économique ou de création d'emplois. Si je suis globalement favorable au projet Rabaska (avec quelques réserves touchant la sécurité et le patrimoine régional), c'est principalement à cause de la débilité du discours des Rabat-Joie; si je soutiens la construction de condos dans l'arrondissement du Sud-Ouest de Montréal, c'est parce que je préfère la mixité sociale aux ghettos de pauvreté; si j'endosse la position d'Hydro-Québec dans le dossier de la rivière Rupert, c'est parce que je la crois importante pour les finances publiques et globalement bénéfique à l'environnement; et si je favorise le dégel des frais de scolarité (à la hausse, bien sûr), c'est parce que je pense que leur taux actuel est socialement inique et qu'il faut donner de l'oxygène à notre système d'éducation. En fait, comme j'aurai l'occasion de le répéter à plusieurs reprises dans cet essai, j'estime que tout projet de développement doit être analysé en fonction des coûts et des bénéfices globaux, sur tous les plans et pour l'ensemble des citoyens et des groupes sociaux. Que tout parti pris idéologique doit être écarté de ce genre de débat. Et que l'anticapitalisme est une sorte de maladie infantile de l'esprit.

Malgré ce discours préventif et prophylactique, je m'autoétiquetterai ici même de néolibéral, de suppôt du grand capital, de vendu à la solde de GESCA, de droitiste, de méprisant, de complice de la détérioration de l'environnement, d'écrivaillon stipendié, d'aliéné et de complice des « affaireux » et des inégalités sociales pour épargner à mes éventuels détracteurs la tâche ingrate de le faire. Ainsi le débat sur cet essai se fera-t-il peut-être à un autre niveau, ce que je souhaite.

CHAPITRE 1

Les éteignoirs

L e Québec du début du XXIe siècle est aux prises avec un phéno-
mène à la fois curieux et ennuyeux. En effet, tout projet de
développement, qu'il soit l'œuvre de l'État ou de l'entreprise
privée (et plus encore s'il s'agit d'un partenariat public-privé, formule
diabolisée dans certains milieux), voit dès son lancement se liguer
contre lui des groupes d'opposants qui n'ont de cesse de le critiquer
par tous les moyens disponibles (démagogie lourde comprise) jusqu'à
ce qu'il soit abandonné. C'est ce que l'ex-premier ministre Bernard
Landry appelle le « nonisme ». On doit tout de suite faire remarquer
que ces contestataires ne demandent pas la modification du projet
pour satisfaire à certaines règles environnementales, éthiques ou liées
à la santé publique, par exemple. Non! Ils réclament son abolition
pure, simple et définitive (et jouissent par la suite sans vergogne
de leur victoire devant les caméras). Harnachement hydro-électrique
des rivières, centrale électrique au gaz, relocalisation de casino
accompagnée d'une offre de spectacle permanent, terminaux
méthaniers, construction de ponts ou d'autoroutes, complexes récréo-
touristiques, hausse des tarifs des services publics comme les
garderies ou l'électricité, rien ne trouve grâce à leurs yeux
perpétuellement indignés. Ces pourfendeurs du développement ont
toujours un milieu humide, un boisé exceptionnel, une bâtisse

patrimoniale, un milieu socio-économique fragile, des démunis, des joueurs compulsifs potentiels, une espèce menacée, un danger pour la santé et la sécurité collectives à opposer aux gestionnaires et aux promoteurs. C'est notamment le cas avec les projets de développement qui seront étudiés dans les chapitres quatre à six de cet essai, soit le terminal méthanier Rabaska, le harnachement hydro-électrique de la rivière Rupert et la transformation de l'ancienne usine d'Imperial Tobacco de Saint-Henri en condominiums et en logements sociaux. Cette attitude existe aussi dans des domaines qui ne sont pas liés à l'économie, comme le démontrera l'analyse du discours des partisans du gel des frais de scolarité et de la gratuité scolaire dans le chapitre sept.

Ces opposants se rassemblent en coalitions casuelles formées *ad hoc* (et dans un courroux permanent) selon la nature du projet. Celles-ci comportent un certain nombre de composantes variables, mais néanmoins presque toujours présentes à des degrés divers : des anticapitalistes purs et durs, orphelins de Marx ; des militants et des permanents d'organismes à vocation sociale, défenseurs des faibles ; des écologistes, conservateurs, modérés ou radicaux[1] ; des hargneux qui voient de la magouille partout ; des quidams devenus « citoyens (ou même révolutionnaires) d'un jour » parce que le projet prévu prend place dans leur environnement immédiat ; et des artistes fairevaloir. Elles obtiennent avec une facilité déconcertante, quelle que soit leur représentativité (que leurs membres imperméables au doute proclament toujours haut et fort), l'oreille attentive des médias qui leur font largement écho.

J'ai sommairement développé cette typologie quelque peu impressionniste dans la presse québécoise en mars 2006[2], qualifiant

---

1. « Le mouvement vert », *L'actualité*, 15 avril 2007, p. 25 (classement effectué par *L'actualité* à partir de travaux du professeur Jean-Guy Vaillancourt, du département de sociologie de l'Université de Montréal).
2. Marc Simard, « Les éteignoirs », *La Presse*, 17 mars 2006, p. A-17 ; Marc Simard, « L'heure de gloire des éteignoirs », *Le Soleil*, 18 mars 2006, p. A-29 (version non expurgée).

l'ensemble de ces opposants d'«éteignoirs», ce qui m'a valu une avalanche de commentaires et de réponses, favorables autant qu'indignés[3]. Je tiens à expliquer ici l'origine historique de l'expression «guerre des éteignoirs», qui remonte aux années 1840. Il faut rappeler que le taux d'analphabétisme au Québec est alors scandaleux, pratiquement six fois plus élevé que celui de l'Ontario voisine avec laquelle il vient d'être fusionné de force à la suite du rapport Durham. Le gouvernement du Canada-Uni décide en 1841 de mettre en place un système scolaire public pour remédier à ce véritable drame national. Cette loi, et celles qui la complétèrent (en 1845, 1846, 1856 et 1875) aboutirent à la mise en place du système d'éducation qui allait durer jusqu'aux années 1960 (avec la commission Parent et la création du ministère de l'Éducation), et plus. En 1845 et en 1846, comme l'organisation mise en place cinq ans plus tôt s'avérait bancale (à cause de la confusion des fonctions entre les municipalités et les commissaires), le gouvernement crée les commissions scolaires (précisément celles que l'ADQ proposait d'abolir pendant la campagne électorale du printemps 2007) et octroie à celles-ci le pouvoir de percevoir des taxes scolaires et des droits de scolarité pour financer le système. La mise en place de ce système de taxation basé sur la propriété foncière provoqua la tristement célèbre «guerre des éteignoirs», les propriétaires récalcitrants y résistant étant accusés (non sans raison) d'«éteindre la lumière de la connaissance». L'historien Jean-Pierre Charland raconte ainsi les désordres provoqués par ces lois, qui durèrent quelques années : «des écoles furent incendiées, les registres d'évaluation des propriétés détruits, on s'en prit parfois physiquement à des commissaires ou à des secrétaires-trésoriers, de même qu'à leurs propriétés»[4].

---

3. Robert Fleury, «La semaine des éteignoirs», *Le Soleil*, 26 mars 2006, p. B-7; Pierre-Paul Gagné, «Un front du refus?», *La Presse*, 27 mars 2006, p. A-13; Marc Simard, «L'enfer est pavé de bonnes intentions», *Le Soleil*, 27 mars 2006, p. A-17 (réponse à quelques critiques).
4. Jean-Pierre Charland, *Histoire de l'éducation au Québec. De l'ombre du clocher à l'économie du savoir*, Saint-Laurent, ERPI, 2005, p. 69. Voir aussi Madeleine Ferron, *Les Beaucerons ces insoumis : petite histoire de la Beauce, 1735-1867*, La Salle, Hurtubise HMH, 1974, p. 164-169.

C'est du souvenir de ces lugubres événements, qui n'honorent certes pas ces opposants à la taxation (et à l'éducation!), qu'a émergé en moi l'intuition du rapprochement entre ceux-ci et leurs lointains descendants du début du XXIᵉ siècle. Non pas que je croie que les « nonistes » contemporains sont des clones ou des fils spirituels des éteignoirs de jadis, notamment parce que les motifs des propriétaires immobiliers réfractaires à la mise en place d'un mode de taxation destiné à financer le système d'éducation étaient essentiellement fiscaux, alors que ceux des pourfendeurs actuels du développement sont beaucoup plus variés, et rarement financiers, sauf dans le cas des étudiants corporatistes partisans de la gratuité scolaire ou opposés au dégel des frais de scolarité. La gauche dont la plupart se réclament n'a d'ailleurs que faire des finances publiques, sauf comme instrument de redistribution sociale. Non plus que je veuille ternir la réputation des « nonistes » en les associant à la violence poujadiste des éteignoirs. Mais j'estime qu'il y a un rapprochement idoine à faire entre ceux-ci et ceux-là, ne serait-ce que parce que les deux groupes sont résolument opposés au développement et qu'ils balaient du revers de la main les conséquences néfastes de leurs blocages. Et aussi parce qu'ils croyaient et croient fermement, en faisant valoir leurs inaliénables droits de citoyens, défendre une cause noble et juste à l'encontre d'une organisation infiniment plus puissante qu'eux (le gouvernement, l'entreprise capitaliste), ce qui donne à leur cause le lustre et la légitimité de la lutte du faible contre le fort, du petit contre le gros, et qui décuple leur rage, alimentée par le senti-ment de l'injustice systémique.

Afin qu'on ne détourne pas le sens de mon propos dans cet essai, je tiens aussi à souligner ici que je ne m'oppose pas à l'expression démocratique des droits des citoyens. Ceux-ci jouissent des libertés de pensée et d'expression et il est loisible à tout un chacun, dans notre société, d'exprimer son mécontentement ou son opposition à toute loi et à tout projet de développement, qu'il soit d'origine gouvernementale ou privée, pour autant que ce soit fait dans le respect des autres, de la propriété privée et des règles qui régissent notre système démocratique. On aura toutefois compris que je n'ai aucune sympathie pour les anarchistes et les trublions de tout acabit qui s'amusent à fracasser les vitrines des commerces et à vandaliser des automobiles parce qu'ils exècrent l'entreprise privée, la richesse et les nantis, ou qui aiment « casser du flic » parce qu'ils éprouvent un malaise freudien avec l'autorité ou entretiennent la haine de l'uniforme (bien qu'ils en portent habituellement un eux-mêmes, en plus des attributs capillaires assortis). Je n'ai rien non plus contre ce qu'on appelle de nos jours la « parole citoyenne » pour autant que ses rhéteurs ne prétendent pas à la vérité transcendante ni à la représentation de l'opinion publique s'ils n'en ont pas eu le mandat. La critique est nécessaire dans une démocratie en santé et elle peut être fructueuse si elle est menée pour des motifs valables et à partir d'arguments fondés. Je pense aussi qu'il était nécessaire que le gouvernement crée un organisme comme le BAPE (Bureau d'audiences publiques sur l'environnement) en 1978, pour recevoir les plaintes et les observations des promoteurs, des spécialistes et des simples citoyens dans le but de préserver la nature contre le développement sauvage, superfétatoire ou même imbécile. Tout projet doit être évalué en fonction des coûts et des bénéfices (économiques, sociaux, écologiques...) pour l'ensemble de la société comme pour les citoyens directement concernés. Nous ne sommes plus à l'époque où les gouvernements et l'entreprise capitaliste pouvaient imposer sans contestation n'importe quel projet sous prétexte de retombées économiques et de création d'emplois, et c'est bien ainsi. Ce qui ne signifie pas que j'adhère au « principe de précaution » comme le conçoivent certains, selon lesquels il faudrait refuser tout projet qui comporte un risque potentiel, mais non démontré, pour l'environnement ou la santé publique par exemple. Si les humains avaient écouté ces paranoïaques qui décèlent des dangers partout, les transformations du néolithique (débuts de l'agriculture et passage du nomadisme à la sédentarité) elles-mêmes auraient été compromises et les aqueducs romains n'auraient jamais été construits, pour ne donner que ces exemples.

Ce que je conteste fermement, toutefois, ce sont, comme me l'écrivait un ami, « les méthodes hystériques de contestation d'une certaine catégorie d'opposants systématiques ». C'est la prétention de certains de ces opposants à la science infuse et à la détention de la vérité. Ce sont les campagnes de désinformation ou de diffusion irrationnelle de la peur pour ameuter l'opinion publique. C'est l'idéologie reine, qui refuse de considérer la réalité et les contingences du monde tel qu'il existe et se réfugie dans des utopies dix-neuviémistes. C'est la haine viscérale de l'argent et de la richesse qui tient lieu d'analyse. Ce sont les prises de position à courte vue et relevant de l'insécurité intellectuelle, comme la défense des faibles et des démunis, qui, au nom d'un progressisme mal compris, suscitent des propositions intenables sur le plan économique et social, qui desservent les intérêts des gens qu'on prétend protéger en plus de nuire à l'ensemble de la société. Ce sont les « Robin des bois » contemporains qui ne comprennent pas qu'étrangler les « riches » pour soulager les pauvres amènera à moyen et long terme une détérioration de la situation de ces derniers. Ce sont les corporatismes déguisés en causes sociales, qui présentent des transferts fiscaux de la classe moyenne vers les hauts salariés de demain comme un exemple de justice sociale et générationnelle. Ce sont ces gens qui se réfugient dans la pensée magique et proposent des replis frileux face aux défis et aux effets inéluctables de la mondialisation au lieu d'y faire face. Ce sont les protectionnismes archaïques qui présentent les intérêts de quelques-uns comme ceux de la majorité, la fermeture comme une vertu et la tentation autarcique comme un gage de survie de la collectivité. C'est l'écologisme romantique, qui confond la protection de la nature vierge et celle de la planète, et oublie souvent que la Terre sans l'espèce humaine, considérée par certains fondamentalistes comme une sorte de parasite, n'est qu'un astre parmi d'autres malgré le miracle de l'éclosion de la vie[5]. En d'autres mots, c'est le blocage

---

5. Tel le Mouvement pour l'extinction volontaire de l'humanité. Voir Mario Roy, « Disparaître ! », *La Presse*, 1er août 2007, p. A-12.

systématique du développement pour de mauvais motifs, le mépris de l'entreprise privée et du développement et l'acrimonie anti-bourgeoise au premier chef.

On pourra rétorquer (certains l'ont déjà fait dans les pages des quotidiens ou sur leurs blogues) qu'il est odieux de critiquer les défenseurs de la justice sociale et de l'environnement (qui aiment se représenter en « éveilleurs de conscience » et même en « visionnaires » et penser que ceux qui ne partagent pas leurs idées sont des « aliénés » ou des « complices ») alors que de vils capitalistes exploitent leurs semblables, pillent les fonds publics et saccagent notre planète. Je leur répondrai tout d'abord que la critique du système, de la société de consommation, des inégalités sociales et des abus des riches et des puissants compte de nombreux preux et courageux chevaliers dans la société occidentale, où la liberté d'expression est protégée alors qu'elle est brimée dans les pays dont les dirigeants se proclament les défenseurs du peuple, et que certains la pratiquent avec plus de conviction et sans doute plus de talent que moi : est-il besoin d'autres José Bové, Riccardo Petrella, Michael Moore, Herbert Marcuse, Jean Baudrillard, Theodore Roszak, Naomi Klein, George Ritzer et Noam Chomsky (dont les propos sont en outre largement diffusés dans les médias), sans compter leurs nombreux apôtres, pour dénoncer la mondialisation, le néolibéralisme, la guerre et la misère ? Poser la question c'est, comme on dit, y répondre.

D'autres me reprocheront mon « mépris » pour les valeureux défenseurs des pauvres et de l'environnement auxquels leurs prises de positions vertueuses devraient, dois-je comprendre, conférer une immunité totale contre la critique, celle-ci étant jugée irrecevable parce que méprisante en soi. Mais pourquoi donc la critique des bourgeois et des gouvernants serait-elle une manifestation d'esprit critique destinée à éveiller les consciences alors que celle des opposants au capitalisme et des environnementalistes ne serait que l'expression d'une démagogie contemptrice ? En fait, la pensée de

ceux qui qualifient la critique des « nonistes » d'infamante ou d'igno-
minieuse repose sur le syllogisme suivant : 1) le bien public ne saurait
être remis en question; 2) or, nous nous érigeons en défenseurs du
bien public; 3) par conséquent, toute critique à notre endroit est nulle
et non avenue. Pour ces émules de Don Quichotte, il n'existe qu'une
seule pensée critique : celle qui dénonce l'État, le capitalisme, les
pollueurs, les bellicistes. Jamais ne leur viendrait à l'esprit que leur
propre conception du monde puisse elle aussi être l'objet de remises
en question et que leurs paroles et leurs actions, pour bonnes et
vertueuses qu'elles paraissent de prime abord, pourraient en fin de
compte ne pas déboucher sur le bien et le juste. En d'autres mots, que
les bonnes intentions n'accouchent pas nécessairement de bonnes
politiques.

Mon principal objectif, en publiant en mars 2006 ce court texte de
1700 mots, était de susciter un débat d'idées sur ce que je percevais
(et plusieurs personnes avec moi si j'en juge d'après les réactions
positives qu'il a suscitées) comme un grave problème, soit la diffi-
culté, pour ne pas dire l'impossibilité, de promouvoir le développement économique au Québec compte tenu de l'opposition
systématique de certains groupes et individus à tout projet. Au vu
des nombreuses réactions que mon texte a générées, je crois y avoir
réussi dans une certaine mesure. Mais j'ai aussi eu l'impression, par
moments, d'avoir relancé un dialogue de sourds ou, pire, d'avoir
alimenté le combat millénaire du bien contre le mal. En outre,
ce texte recelait aussi un objectif non avoué : celui de placer les
« nonistes », qui jusque-là se comportaient comme des détenteurs de
la vérité dont l'esprit était vacciné contre le doute, sur la défensive,
de les amener à envisager le problème par l'autre bout de la lorgnette,
ne serait-ce qu'un instant. Humblement, je confesse être demeuré à
des années-lumières de l'atteinte de cet objectif, les gens que je visais
s'étant sentis dénigrés et même persécutés par mon texte, qui ne pou-
vait avoir été écrit à leur avis que par un agent stipendié du grand
capitalisme. Certains citoyens de la République autonome du Plateau,

à qui je déplus souverainement, n'hésitèrent aucunement à m'inscrire sur la liste infamante des « infréquentables ».

Il est vrai que la méthode employée était un tantinet abrasive et la typologie développée quelque peu caricaturale, sarcastique même par moments. Mais, bien que ce texte relevât d'une intuition, comme certains l'ont justement perçu, il était néanmoins fondé sur des années d'observation. De sorte que les types que j'y ai décrits ne sont pas de purs ectoplasmes ni des créations de mon imagination enfiévrée, mais des combinats synthétiques rassemblant chacun quelques individus que j'ai connus personnellement ou par médias interposés. Je suppose même que certaines personnes s'y sont reconnues, comme cette étudiante furieuse qui vint m'abreuver d'injures après avoir cru voir son portrait dans celui de l'écologiste édéniste.

Voici donc à nouveau cette typologie, raffinée et augmentée, notamment par la description d'un type incontournable parce que disposant de l'attention bienveillante des médias et que j'avais dû laisser de côté dans la première version faute d'espace : l'artiste faire-valoir.

L'anticapitaliste

L'anticapitaliste est de tous ces combats. Il hait l'argent, objet sale (il croit d'ailleurs souvent qu'il faudrait retourner au troc pour en finir avec son pouvoir symbolique et maléfique), et trouve que tout profit est suspect. Orphelin de Marx, il est communiste dans l'âme, mais n'ose se réclamer de cette utopie avilie par les régimes totalitaires du XXe siècle. Il préfère se dire citoyen. Pour lui, tout projet où l'entreprise privée pointe le bout de son nez est à abattre. Sa devise est « tout par l'État, rien en dehors de l'État ». Il croit avoir réinventé la science politique chaque fois qu'il impute aux intérêts économiques les politiques gouvernementales qu'il estime néolibérales ou qu'il dénonce l'impérialisme des États-Unis, qu'il accuse à la fois de fourrer leurs grosses pattes intéressées partout (comme s'il était contre nature qu'un pays défende ses intérêts!) et de ne pas intervenir pour empêcher les génocides et aider le tiers-monde[6]. Il peut jouir d'une honnête aisance et même plus (il ne crache pas sur une résidence à la campagne ou sur un chalet sis au bord d'un lac ou du fleuve) et aimer son confort (manger du foie gras, boire des Bordeaux et conduire une Volvo). Tant que l'argent qu'il gagne et dépense a été purifié en passant par les canaux de l'impôt et des taxes avant de lui parvenir. Il pratique le commerce équitable, mais redoute en son for intérieur, à chaque achat, d'être victime d'une arnaque de la grande entreprise. Il chante l'*Internationale* dans son bain et croit que le communisme a basculé à la mort de Lénine, grand démocrate.

L'apparatchik

L'apparatchik des groupes populaires et des organismes communautaires se sent investi d'une mission, celle de soulager la souffrance de ses congénères démunis. Il vit le plus souvent dans la pauvreté, avec un maigre salaire tiré des subventions gouvernementales, mais il estime que sa souffrance personnelle est négligeable et même nécessaire pour atteindre la rédemption collective. Sa hantise, ce sont les écarts entre les riches et les pauvres. Il préférerait un pays où tous vivent dans la pauvreté à toute forme de différentiation sociale. Il trouve que les gouvernements n'en font jamais assez et il se fout des contribuables, qui sont tous des privilégiés pour lui (je ne me souviens pas avoir entendu un de ces apparatchiks remercier les politiciens responsables d'une réforme ou les contribuables les plus taxés en Amérique du Nord – rappelons ici que moins de 60 % des citoyens

---

6. Sur l'antiaméricanisme, voir Jean-François Revel, *L'obsession anti-américaine. Son fonctionnement, ses causes, ses inconséquences*, Paris, Plon, 2002, 300 p.

adultes paient des impôts sur le revenu au Québec). Rien n'est jamais suffisant pour ce magistrat permanent du tribunal de la vertu et de l'indignation (TVI). Il est génétiquement privé du sens de l'humour. Tout argent investi ailleurs que dans le soulagement immédiat de la misère et des problèmes sociaux est gaspillé à ses yeux. Il considère comme une hérésie l'aphorisme sur le pauvre auquel on peut donner un poisson ou à qui on peut apprendre à pêcher. Il perd son calme quand on lui dit que la misère ne peut être vaincue que par l'accroissement de la richesse collective et peut alors entrer dans une transe qui l'amène à postillonner au visage de son interlocuteur pendant de longues minutes. Il voit le développement économique et la création d'emplois comme des chimères. Il a fortement tendance à croire que les ressources des gouvernements sont illimitées et, surtout, mal utilisées. Son indignation est permanente et inextinguible. Il n'est pas membre d'un parti politique, mais « milite » au sein d'un organisme à vocation sociale ou d'un parti marginal, et il ne travaille pas, mais « lutte » pour la justice sociale, deux verbes à connotation militaire ou sportive qui étonnent vu ses convictions généralement pacifistes.

L'écologiste radical

L'écologiste de type édéniste est un nouvel avatar du chrétien médiéval. Toute sa vision du monde est modelée sur le schéma paradis-péché-sacrifice-rédemption-paradis. Pour lui, la disparition de toute espèce végétale ou animale est un péché commis contre la Terre-mère et tout ce qui peut être qualifié de milieu naturel doit être intégralement préservé. Il rêve d'un retour au jardin d'Éden ou à l'Amérique précolombienne, mais se contenterait peut-être de la fin immédiate des changements. Misanthrope sans se l'avouer, il pense que la planète serait en bien meilleur état si l'espèce humaine n'existait pas. C'est d'ailleurs un de ses fantasmes inavoués, avec la mise en place d'une dictature planétaire de salut public qui rendrait les industries à la raison et mettrait les pollueurs et les inconscients dans des camps de rééducation. Dans ses moments de loisir, il relit Malthus et Rousseau. Il ne se sent bien que quand il est en communion avec la nature vierge, mais ne peut en profiter longtemps parce qu'il est aussitôt victime de cauchemars où ce paradis est anéanti par des camions à dix roues, des scies mécaniques, des produits chimiques, des hordes de touristes, des condos et des restaurants de *fast food*. Il subodore un désastre imminent qu'il souhaite même en son for intérieur, car il croit que c'est là le sacrifice nécessaire pour sauver la planète. Il espère que les survivants de cet holocauste pourront recommencer à neuf, mais conscients des erreurs du passé.

Le hargneux

Le hargneux débusqueur de complots subodore la présence d'amis du parti au pouvoir et de profiteurs derrière tout projet. Il répète *ad nauseam* que la politique est pourrie et flirte en secret avec les idées de Bakounine. Il est contre tout projet *a priori*, parce qu'il est intimement convaincu que le bien commun passera encore derrière la satisfaction des appétits égoïstes. Son anticapitalisme se rapproche plus de celui du chrétien médiéval que de celui de Marx. Il pense aussi, comme l'apparatchik, que les grandes entreprises ne paient pas assez d'impôts et que les riches jouissent de paradis fiscaux exorbitants. Pour lui, « promoteur » et « bonne foi » sont des termes incompatibles. Il suffit qu'on lui présente un projet pour qu'il défende l'option contraire, croyant ainsi faire preuve de sagacité. Il adhère à toutes les légendes urbaines et dénonce les intérêts économiques en tout temps et en tous lieux, et sert ces lieux communs à son entourage avec l'air entendu de celui qui en sait plus long et comprend mieux que le commun des mortels. Il se projette fréquemment les « documentaires » de Michael Moore, qu'il prend pour un grand cinéaste, et celui sur le « complot » du 11 septembre 2001.

Le « pas-dans-ma-cour »

Le « pas-dans-ma-cour » est la chair à canon de ces luttes épiques. Il s'installe à la campagne, mais se plaint de l'odeur des porcheries. Il achète un immeuble dans un quartier où existe déjà une usine pour déblatérer ensuite contre les odeurs insupportables ou la poussière générées par celle-ci. Il bâtit sa maison de rêve près d'un port ou d'un réseau de transport et se répand ensuite en jérémiades sur le fait que le gouvernement ou des entrepreneurs utilisent ces infrastructures et abîment ainsi son éden. Il critique le passage dans sa rue des autobus du réseau de transport public qui, dit-il, sont trop bruyants et polluants. Il lance fréquemment des pétitions qu'il fait quasiment signer de force à ses voisins, écrit régulièrement des lettres d'opinion aux quotidiens et donne volontiers son point de vue aux caméras et micros braqués vers lui, et peut même pleurer en public si la cause l'exige. Il emprunte souvent le langage et les clichés de la gauche marxisante, dont il découvre le pouvoir avec ravissement. La lutte contre le projet maudit lui permet enfin de sortir de sa vie monotone et génère en lui un sentiment de complétude comme il n'en a pas souvent connu, de sorte qu'il est à la fois enragé et exalté, en phases alternées, pendant toute la durée de son combat. Il a enfin l'impression de faire partie de quelque chose de plus grand que lui et rêve d'abattre à lui seul le monstre étatique ou corporatif qui a osé s'en prendre à sa tranquillité ou à ses droits inaliénables de citoyen. Il se fond dans la grisaille dès que le projet est abandonné, mais est immédiatement remplacé par son clone.

L'artiste faire-valoir

Il aime bien affirmer devant les caméras et les microphones qu'il est de gauche (ou du côté du cœur), quoiqu'il confonde le plus souvent cette notion avec les modes contre-culturelles des cinquante dernières années[7]. Il dispose de tout un répertoire de phrases creuses qu'il débite d'un air entendu aux journalistes qui boivent ses paroles : « la nature est plus importante que le profit » ; « pendant combien de temps encore les politiciens vont-ils continuer à vendre notre pays ? » ; « la culture (ou l'éducation) n'est pas une marchandise » ; « ne pourrait-on pas faire un peu moins d'économie et plus de social ? » Il aime jouer les Cassandre et prophétiser des malheurs à l'aide de phrases sibyllines. Après ses prestations enflammées, il demande à son entourage si son enfilade de clichés « sonnait bien ». Dès qu'un micro se braque dans sa direction, il se prononce *ipso facto* même s'il ne connaît pas les faits constitutifs du dossier, sa fibre artistique lui permettant de toute évidence de comprendre les phénomènes plus rapidement et avec plus d'acuité que le commun des mortels. Il se met en colère si on l'accuse d'utiliser sa notoriété pour promouvoir son point de vue et déclare alors qu'il a le droit de s'exprimer comme tout autre citoyen, faisant fi du fait que ses dires ont une résonance disproportionnée à cause de son statut et que le citoyen ordinaire a difficilement accès aux médias, qui n'ont que faire des propos des quidams à moins qu'ils ne révèlent un scandale.

Ce « refus global » du développement repose en bonne partie sur deux phénomènes largement répandus dans le monde occidental, mais propres au Québec par certaines particularités : un anticapitalisme d'origine médiévale mâtiné de marxisme, et renforcé par une certaine ignorance historique collective du monde de l'argent et de ses us (j'aborderai ce thème dans le prochain chapitre) ; et une tendance largement répandue, surtout chez les intellectuels et dans le monde artistique, à croire qu'il est plus *cool* d'être de gauche que de droite (ce qui est en soi une tare infamante), même si plusieurs personnes qui se réclament de cette mouvance confondent progressisme et

---

7. Heath, Joseph et Andrew Potter. *Révolte consommée. Le mythe de la contre-culture*. Montréal, Trécarré, 2005 (2004), 428 p.

recherche de la sécurité et se placent souvent, par leurs gestes comme par leurs dires, en travers du développement, nuisant ainsi par là même objectivement à ceux qu'ils prétendent défendre (ce thème fera l'objet du chapitre trois).

CHAPITRE 2

L'anticapitalisme au Québec

Dans son numéro du 1ᵉʳ décembre 2006, *L'actualité* publiait les résultats d'un sondage réalisé au Québec en octobre 2006 par la maison CROP. Les adultes sondés devaient se dire d'accord ou non avec l'assertion suivante : « La liberté d'entreprise et l'économie de marché constituent le meilleur système pour assurer l'avenir du monde ». Près du tiers des Québécois (32 %) ont répondu qu'ils n'étaient pas d'accord (61 % d'accord). Ce qui signifie vraisemblablement qu'un Québécois sur trois serait favorable à la mise en place d'un système économique non capitaliste, c'est-à-dire ne reposant pas sur l'entreprise privée ni sur l'économie de marché. C'est à la fois énorme et inquiétant quand on connaît les ratages et les dérapages des divers régimes socialistes qui ont été mis en place au cours du XXᵉ siècle, que ce soit en Russie, en Europe de l'Est, dans les pays issus de la décolonisation ou ailleurs dans le tiers-monde. On peut raisonnablement estimer qu'une partie de ces anti-capitalistes confieraient à l'État le rôle de moteur de l'économie (modèle soviétique ou cubain), tandis que les autres prôneraient une espèce de socialisme coopératif à but non lucratif pour lequel il n'existe pas (avec raison) de modèle. Curieusement, en Chine, officiellement dotée d'un régime communiste depuis 1949, 74 % des répondants croient que le capitalisme est la voie de l'avenir.

On ne sera toutefois pas surpris d'apprendre que les Français sont les moins nombreux sur la planète à soutenir l'économie de marché, à peine un tiers d'entre eux souscrivant à l'énoncé reproduit ci-dessus (sondage GlobeScan de 2005).

Pour affligeants qu'ils soient, ces résultats ne sont pas surprenants. L'anticapitalisme a une longue histoire au Québec. Il est notamment une des composantes de l'idéologie clérico-nationaliste développée par l'Église catholique pour soutenir et justifier sa mainmise sur la société canadienne-française entre 1840 et 1960. Toute personne ayant étudié, même superficiellement, l'histoire du Canada français de cette époque a été mise en contact avec ces nombreuses dénonciations de l'industrie, du commerce, du profit et de l'argent et avec la glorification parallèle de l'agriculture et du mode de vie rural, dont voici quelques exemples :

> « Damnable industrie qui dessèche le cœur, qui fait perdre tout sentiment de justice et d'humanité, qui traite les hommes comme des machines, qui ne voit que l'argent, qui ne calcule que des profits. [...]. Cette industrie exagérée a fait le malheur de bien des peuples [...], elle a fait négliger l'agriculture, la source la plus vraie de richesse »[1].

> « Qu'on compte un peu moins sur l'argent mis en circulation par le commerce : le commerce est essentiellement agiotage et l'agiotage qui peut par circonstance faire la fortune de quelques individus, ne fera jamais celle d'une nation »[2].

> « Pour ce qui regarde la condition particulière de la nation canadienne-française, nous croyons qu'elle trouvera toujours dans l'agriculture sa première garantie d'existence et d'autonomie.

---

1. *Les Mélanges religieux*, vol. VII, 15 septembre 1843, p. 372.
2. *Les Mélanges religieux*, vol. V, janvier 1843, p. 236.

On le sait, l'industrie a une tendance nécessaire vers le cosmopolitisme; l'agriculture au contraire est de sa nature essentiellement conservatrice »[3].

On le voit, l'industrie et le profit y sont opposés au « cœur » (argument faisant toujours partie du bagage de la gauche) et associés au « cosmopolitisme »[4], et le commerce y est qualifié d'« agiotage », que Mirabeau définissait comme « l'étude et l'emploi de manœuvres les moins délicates pour produire des variations inattendues dans le prix des effets publics et tourner à son profit les dépouilles de ceux qu'on a trompés ». Le capitalisme (industrie + commerce + profits) y est opposé à l'agriculture, nos clercs s'inspirant sans doute de Quesnay et des physiocrates du XVIIIᵉ siècle, qui critiquaient le mercantilisme et soutenaient que l'agriculture était la seule véritable source de création de richesse.

Cet anticapitalisme à fondements religieux remonte au Moyen Âge, alors que l'Église catholique interdisait le prêt portant intérêts, d'ailleurs qualifié d'usure. Ce terme péjoratif désignait à la fois « le supplément illicitement rattaché au remboursement d'une dette » et « le péché qui consiste à exiger ce supplément »[5]. Justifiée par le Sermon sur la montagne, dans lequel le Christ ordonne de prêter sans rien espérer en retour, et instaurée dès l'époque carolingienne (VIIIᵉ et IXᵉ siècles puis renforcée par les conciles de Latran II (1139) et Latran III (1179), cette interdiction reposait en outre sur l'argument selon lequel « l'usurier, dont l'argent fructifie sans labeur, tire profit d'un bien qui n'appartient qu'à Dieu, le temps[6] » et sur une affirma-

---

3. *Le Nouveau Monde*, 7 juillet 1876.
4. Cette disposition à se considérer comme un citoyen de l'univers et à s'accommoder d'une variété de mœurs et de coutumes est opposée ici au nationalisme et est donc intrinsèquement condamnée; on notera par ailleurs que l'URSS stalinienne condamnait fermement les intellectuels tentés par le cosmopolitisme, étrangement dénoncé comme contraire à l'esprit marxiste-léniniste, alors que Marx prônait l'union des prolétaires de tous les pays contre le capital.
5. Alain Boureau, « Usure », in *Le Moyen Âge de A à Z*, *Historia thématique*, nᵒ 79, septembre-octobre 2002, p. 66.
6. *Ibid.*, p. 67.

tion d'Aristote selon laquelle l'argent étant stérile, il ne serait pas naturel d'en faire une source de profit. L'usure étant assimilée au vol, les autorités civiles pouvaient confisquer les biens de l'usurier au nom du principe de la « restitution » et même justifier les expulsions des Juifs, considérés comme une nation d'usuriers.

C'est cette vision de l'économie, qui associe le profit réalisé grâce au prêt à un péché et qui postule l'existence de lois naturelles en vertu desquelles seule l'agriculture, unique activité fructueuse, mérite d'être encouragée, qui a fait florès ici. Elle s'est enracinée au Canada français dans la seconde moitié du XIXe siècle à cause de l'hégémonie idéologique qu'y a exercée l'Église et est largement responsable du retard du Québec et de notre infériorité économique en tant que peuple. Pendant combien de décennies nous a-t-on répété que la nature profonde du Canadien français était celle de l'agriculteur et que le monde de l'industrie, du commerce et de la finance nous était intrinsèquement étranger, réservé aux Anglo-Saxons? Combien de millions de fois nos clercs nous ont-ils seriné que l'accès au paradis était pratiquement garanti aux pauvres, mais quasi impossible aux riches? Joint à notre condition de peuple minoritaire et dominé sur le plan économique, ce « bourrage de crânes » a laissé de profondes traces dans notre mentalité. Il a imprégné celle-ci de l'image de l'argent sale et impur, et de la vision du profit comme fondamentale-ment immoral. Sans compter que nos établissements d'enseignement, même à l'orée de la Révolution tranquille, formaient encore, à l'image des universités médiévales, une majorité de théologiens et de membres des professions libérales nourris de ce charabia anticapitaliste, tout en négligeant la formation des scientifiques, des administrateurs et des financiers[7].

---

7. Jean-Pierre Charland, *Histoire de l'Éducation au Québec. De l'ombre du clocher à l'économie du savoir*, Montréal, ERPI, 2005, p. 161-162.

C'est sur ce vieux fond à la fois honteux (parce qu'avalisant et sublimant notre infériorité économique) et triomphant (parce que postulant une supériorité morale sur le monde de l'argent) qu'est venu se greffer chez les intellectuels et dans le monde syndical, à la faveur de la Révolution tranquille, l'anticapitalisme issu de la nébuleuse socialiste du XIXe siècle. Conçu dans l'enfer de la Révolution industrielle, cet anticapitalisme souhaitait voir le régime de la libre entreprise remplacé par divers mondes meilleurs (imaginés par des utopistes tels Fourier et Louis Blanc), par un socialisme mis en place par le parti de la classe ouvrière (Marx) ou par un univers de petits producteurs indépendants affranchis de l'oppression du capitalisme et de l'État (Bakounine et Proudhon). Fondé sur le rejet de l'exploitation de la classe ouvrière à cette époque du capitalisme « sauvage », il se doublait d'une analyse de l'État qui en faisait le complice ou même le bras armé de la bourgeoisie industrielle. Motif pour lequel les socialistes utopiques prônaient sa dissolution en faveur d'un meilleur monde guidé par le bien commun, les marxistes désiraient s'en emparer au nom de la classe ouvrière et les anarchistes voulaient son éradication.

Pour des raisons évidentes, dont l'emprise de la mythologie de la Révolution soviétique sur l'ensemble de la gauche mondiale à partir de 1921 (année de la mise en place de la IIIe Internationale) n'est pas la moindre, c'est la version marxiste de cet anticapitalisme qui récolte les faveurs des intellectuels et des syndicalistes d'ici[8]. Jointe au mouvement indépendantiste naissant, l'apologie de la lutte des classes qui en découle amène la frange marxisante de ce dernier (au Rassemblement pour l'indépendance nationale et au sein du Front de libération du Québec) à prôner l'établissement d'un régime socialiste

---

8. Sur cette « saison de la pensée critique » où « la gauche avait le vent dans les voiles », voir l'analyse quelque peu complaisante de Maurice Lagueux, *Le marxisme des années soixante. Une saison dans l'histoire de la pensée critique,* Montréal, Hurtubise HMH, 1982, 347 p. Sur le maoïsme en France à la fin des années 60, voir le magnifique roman de Olivier Rolin, *Tigre en papier,* Paris, Seuil, 2002, 259 p.

à la cubaine ou à l'algérienne, le cocktail « dictature-nationalisations » s'avérant de toute évidence irrésistible pour ces assoiffés de liberté. Le marxisme fait une percée dans les facultés de sciences sociales de nos universités (aussi bien chez les professeurs que chez les étudiants), où les chapelles marxiste-léniniste, maoïste et trotskiste recrutent des prosélytes qui iront porter la bonne parole aux ouvriers d'usine aux petites heures du matin en plus de s'entre-déchirer au nom de la « ligne juste » et de s'abîmer la vue et l'esprit à lire les ouvrages abscons de Poulantzas, de Marcuse et d'Althusser (sans oublier les sublimes pensées de Mao Ze-dong et les œuvres en six volumes du grand prosateur Enver Hoxha).

Les syndicats eux-mêmes sont infiltrés. Dans une poussée de fièvre délirante, ils publient au début des années 1970 des brochures sur-réalistes où ils s'attaquent à l'État et à la bourgeoisie et prônent la révolution : en 1971, la Fédération des travailleurs du Québec (FTQ) lance *L'État, rouage de notre exploitation*, pamphlet dans lequel elle dénonce l'État « téléguidé par le grand capital »[9]; la même année, le conseil confédéral de la Confédération des syndicats nationaux (CSN) adopte les conclusions d'une brochure intitulée *Ne comptons que sur nos propres moyens*, qui critique « la nature de classe des intérêts économiques qui dominent le peuple québécois et le caractère impé-rialiste de cette domination »[10], et conclut que la seule solution viable pour les travailleurs est la mise en place d'un socialisme québécois; en 1972, la Centrale de l'enseignement du Québec (CEQ) publie *L'École au service de la classe dominante*, dont le titre me dispense d'ajouter des commentaires; deux ans plus tard, elle récidive avec *École et luttes de classes au Québec* et couronne ce remarquable édifice intellectuel en 1975 avec son *Manuel du Premier Mai (Pour une journée d'école au service de la classe ouvrière)*, dans lequel elle

---

9. *Histoire du mouvement ouvrier au Québec* (1825-1976), Montréal, CSN-CEQ, 1979, p. 206.
10. *Ibid.*, p. 207.

propose aux enseignants « des projets de cours qui partent de la réalité vécue par les travailleurs : inflation, chômage, grèves, accidents du travail, maladies industrielles, etc. »[11]. On notera que, selon les auteurs du manuel, la réalité vécue par les travailleurs ne comprend que des éléments négatifs et ne comporte aucune référence à la réalité du labeur comme telle, à l'amélioration de leurs conditions de travail avec l'adoption du Code du travail (créé en 1944 et actualisé en 1964) ou à l'augmentation de leur pouvoir d'achat et de leurs conditions de vie à la suite de la prospérité liée aux Trente Glorieuses et à la mise en place des lois sociales au Québec à la faveur de la Révolution tranquille. Que du misérabilisme, destiné à « éveiller les consciences » et à stimuler l'esprit révolutionnaire des « masses ». Et merde aux faits!

La mentalité anticapitaliste diffuse issue de l'univers médiéval et l'attrait du « socialisme réel » pour les intellectuels constituent donc les fondements de l'anticapitalisme dans le Québec actuel. Il faut ajouter à cette mixture corrosive notre rapport collectif à l'argent. Comme le souligne Alain Dubuc dans son *Éloge de la richesse*[12], il y a à peine quarante ans que les Québécois ont vu leur niveau de vie augmenter suffisamment pour dégager des épargnes et qu'ils sont passés du statut de peuple de locataires à celui de peuple de propriétaires, et à peine vingt ans qu'ils ont découvert le placement et qu'ils sont à l'aise avec le monde boursier. Quarante ans, c'est tout juste une génération et demie, de sorte qu'une bonne part de la population du Québec actuel a été formée dans un univers où ces comportements et ces notions étaient étrangers (et charriaient même une odeur de soufre). Et c'est bien peu pour modifier les mentalités, qui changent moins vite que les idées[13]. On peut aussi supposer que cette

---

11. *Ibid.*, p. 208.
12. Alain Dubuc, *Éloge de la richesse*. Montréal, Éditions voix parallèles, 2006, p. 126.
13. Voir Robert Mandrou, *Histoire sociale, sensibilités collectives et mentalités*, Paris, P.U.F., 1985. 580 p.

modification de notre rapport à l'argent n'est pas la même selon le groupe social dont on fait partie et selon le lieu de résidence (quartier populaire vs quartier cossu; centre-ville vs banlieue; ville vs campagne; Montréal vs régions). De même, on peut avancer que la mentalité de nos élites culturelles a conservé des traces de ce rapport malaisé à l'argent et au profit.

Dans un essai passé inaperçu, l'anthropologue Denis Blondin tente de nous convaincre que l'argent doit mourir[14] et nous dévoile involontairement (ou naïvement?) les motifs de son amour-haine de celui-ci. Sa « pulsion de mort » part de l'idée que l'argent, n'ayant pas toujours existé, n'est par conséquent pas éternel ni « indissolublement lié à notre condition d'êtres humains et sociaux »[15]. Qu'il existe depuis vingt-sept siècles et qu'aucune des sociétés qui l'ont adopté jusqu'ici ne l'ait abandonné ne semble pas faire partie de ses considérations. Pour mettre les choses au clair, disons dès maintenant que l'essayiste nage dans la confusion conceptuelle. En effet, il présente successivement l'argent comme une « créature vivante » (p. 12), un « système social central » (il y aurait d'abord eu un système social basé sur la parenté, puis un second fondé sur la religion, et enfin un troisième axé sur l'argent)[16], « un pur symbole » (p. 16), un « cannibale » (p. 19), « l'ultime magie » (p. 33), « un langage » (p. 33), « un système symbolique » (p. 33), « un sport, un art, un jeu, un rituel, une religion, une idéologie, [...], un lien social » (p. 37), « un virus » (p. 45) et « une institution » (p. 49). Il y a dans cette nomenclature de quoi donner le tournis, même aux intellectuels chevronnés! De plus, il confond allègrement magie et symbolisme, comme il en fournit la preuve dès son premier chapitre. Pour la rigueur intellectuelle, on repassera. Je n'ai donc pas retenu cet essai pour ses qualités,

---

14. Denis Blondin, *La mort de l'argent. Essai d'anthropologie naïve*, Boisbriand, Les Éditions de la Pleine Lune, 2003, 303 p.
15. *Ibid.*, p. 13.
16. *Ibid.*, p. 14.

mais parce qu'il illustre le rapport ambigu à l'argent qu'entretiennent nombre d'intellectuels québécois.

Pour illustrer mon propos, je commencerai par citer quelques perles tirées de cet essai, en les assortissant de commentaires critiques. L'auteur écrit d'abord dans son introduction qu'il lui reste à vérifier « si l'argent est bien cet incendie qui carbure à la chair humaine, ce grand cannibale » (p. 19). On notera l'anthropomorphisme de cette image, qui prête à un objet un comportement (in)humain. Plus loin : « L'argent permet à des millions d'êtres humains de " bitcher " des milliards d'êtres humains chaque jour » (p. 43). Comme si c'était l'argent lui-même qui était responsable de l'exploitation des humains les uns par les autres : les rapports de pouvoir et d'exploitation n'ont-ils pas existé bien avant la monnaie de métal, qui n'a été inventée qu'au VIIe siècle av. J.-C. en Lydie, et la monnaie de papier, apparue au XVIIIe siècle? Encore : « La face cachée de l'argent [...] c'est d'abord la capacité qu'a l'argent de fabriquer la pauvreté » (p. 44). Et voilà l'argent *Deus ex machina*, qui agit de son propre chef, en dehors des actions et des motivations humaines, et qui FABRIQUE de la pauvreté, condition qui existait bien avant lui. Sans compter que l'argent « [...] envahit toute notre vie, jusqu'à nos rêves, nos phobies, nos hantises, sans parler de nos relations les plus intimes avec nos amours, nos enfants, nos amis » (p. 45). Et voici l'argent-virus, maladie imparable qui pervertit jusqu'à nos relations intimes. Et l'argent Janus : « Malgré son utilité sociale et toutes les sensations merveilleuses que l'argent peut nous procurer, il semble aussi que sa véritable nature comporte aussi une inévitable dimension perverse, comme le remède capable de se transformer en poison » (p. 48). Argent à double face qui paraît inoffensif ou même miraculeux (on pourrait toujours demander à l'essayiste s'il croit vraiment qu'il existe un être humain sensé qui serait naïf à ce point), mais possède une face cachée qui rend malade et qui peut même tuer. Vision de biologiste amateur qui propose des analogies douteuses faisant de l'argent à la fois un virus, un poison et une maladie. Enfin, on ne sera pas surpris d'apprendre sous sa plume que l'argent « …constitue le fonde-ment ultime de notre ordre social inégalitaire, [...] le carburant (du capitalisme) » (p. 50-52). Affirmation qui met à nu ses motivations quand il souhaite la mort de l'argent, soit de mettre à bas l'économie de marché et d'abolir la propriété privée. Tout ce charabia pour revenir à Marx ou à Bakounine !

Bien sûr, on pourra me rétorquer que nous avons affaire ici à un anthropologue de profession, qui ne croit ni à l'évolution, ni à l'histoire, ni à l'existence de l'individu, ni même à la rationalité occi-dentale, présentée comme une forme de pensée magique ou religieuse équivalente à celle des peuplades dites primitives (p. 21), en somme à un intellectuel atypique qui ne représente que lui-même. Je main-tiens que malgré ses idiosyncrasies, l'auteur de cet essai est représen-tatif de cette mentalité trop largement répandue au Québec, selon laquelle l'argent est un objet sale et pervers, une sorte de virus qui dénature les relations sociales et humaines. D'autant plus représen-tatif qu'il est porteur à son insu de cette mentalité médiévale anti-capitaliste dont nous avons traité plus haut, qu'il confond avec l'esprit critique, et qu'il a été soumis à l'influence du marxisme et de sa variante structuraliste comme nombre d'étudiants et de jeunes praticiens des sciences humaines de son époque. On comprendra aisément qu'il est plus facile de nettoyer les écuries d'Augias que de convaincre ce genre d'individu que l'argent n'a rien de vil en soi et que le profit n'est pas immoral pour autant qu'il est acquis en respec-tant les lois et certaines règles éthiques.

Une constante ressort des propos et des textes des porte-parole de ces quelque trente pour cent de la population québécoise qui rejettent l'économie de marché : c'est bien sûr qu'ils abhorrent la richesse, mais plus encore les écarts de revenus entre les riches et les pauvres, comme le veut un de leurs leitmotiv selon lequel « les riches sont toujours plus riches et les pauvres toujours plus pauvres ». Nous avons entendu cette rengaine tellement souvent que nous avons fini par la considérer *grosso modo* comme vraie, bien qu'elle soit à la fois fausse et racoleuse. Tous connaissent l'adage selon lequel un mensonge répété cent fois devient une vérité. Mais s'il est vrai que l'économie de marché a approfondi les écarts de revenus entre les plus riches et la majorité des gens, comme entre Bill Gates ou Céline Dion et un employé de l'État québécois, mettons, il est tout à fait mensonger de dire que les pauvres du début du XXIe siècle sont plus mal en point que leurs semblables d'il y a un siècle, ou même cinquante ans, sans qu'il soit besoin de remonter à l'exemple de la pauvreté généralisée de l'ère préindustrielle. Si on prêtait foi aux jérémiades des défenseurs des démunis, il faudrait admettre qu'un demi-siècle d'État-providence n'a amélioré leur sort en rien malgré les pensions de vieillesse, l'aide sociale, l'assurance maladie, l'assurance médicaments et autres lois sociales pour lesquelles les contribuables sont lourdement imposés. C'est évidemment absurde! Comme nous l'explique Pascal Bruckner, « [...] les défavorisés actuels le sont moins qu'il y a un siècle [...]. Cela ne les console en rien : c'est vers le haut qu'ils regardent, vers les catégories les plus aisées. À partir d'un certain point, la pauvreté équivaut à la servitude, même si les taux de revenus nous semblent raisonnables : c'est qu'elle est un rapport social, elle est symbolique avant d'être statistique »[17]. Il faudra qu'on m'explique un jour pourquoi l'enrichissement individuel serait un phénomène néfaste, pourquoi l'augmentation de la proportion des gens riches dans notre société serait condamnable. À condition qu'il existe des mécanismes de redistribution de la richesse et de solidarité sociale, l'enrichissement des individus comme de la collectivité ne peut qu'être bénéfique à tous, et en particulier aux démunis. Mais les défenseurs de ceux-ci ne voient que ce rapport social, que cet écart qu'ils jugent intolérable. Et ils répètent inlassablement leurs mantras mensongers et pernicieux!

---

17. Pascal Bruckner, *Misère de la prospérité. La religion marchande et ses ennemis*, Paris, Grasset, 2002, p. 29-30.

C'est pourquoi ces pourfendeurs des écarts de revenus nous proposent sans cesse comme panacée de « faire payer les riches », aussi bien les hauts salariés que les entreprises. Dans son programme électoral du printemps 2007, Québec solidaire proposait d'aller chercher 6,24 milliards de dollars de plus dans les poches des « riches » et des entreprises, et ce bien que, rappelons-le, les contribuables québécois soient déjà les plus lourdement taxés en Amérique du Nord. Le parti de la gauche radicale propose en effet d'accroître le taux d'imposition de ceux qui gagnent plus de 84 000 $ par année de 24 à 28 %, d'augmenter la TPS sur les biens de luxe (qui fera la sélection de ceux-ci?) et les produits « polluants » (sic) et de soutirer 1,5 milliard de dollars aux entreprises en impôts, taxes et réduction des déductions fiscales[18]. On peut en toute honnêteté se demander si l'objectif de ce programme fiscal est de secourir les démunis ou de harceler les salauds de contribuables aisés et les vils capitalistes. La pasionaria du parti ajoute même suavement qu'il est normal que les nantis contribuent davantage, sachant qu'ils « pourront quand même se payer un voyage dans le Sud ou leur deuxième voiture »[19]. Passons sur le populisme outrancier de cette justification de même que sur son caractère mesquin et envieux.

Dans l'opuscule qu'elle a publié en 2004, Mme David, après avoir tracé un portrait misérabiliste de quelques assistés sociaux et travailleurs au salaire minimum pour accroître notre empathie naturelle de chrétiens envers les miséreux, ajoute que « [...] si nous désirons nous attaquer résolument à la pauvreté et diminuer les écarts de richesse, alors il faut consentir à payer notre juste part d'impôt »[20]. Juste part? Mais qui donc décidera que la part payée par les contribuables est ou non « juste »? Les bien-pensants de son parti, qui n'ont de cesse de parler de la redistribution de la richesse, mais se désintéressent

---

18. Marc Allard, « Une fiscalité plus " solidaire ", *Le Soleil,* samedi 3 mars 2007, p. 13.
19. *Ibid.*
20. Françoise David, *Bien commun recherché. Une option citoyenne,* Montréal, Écosociété, 2004, p. 80.

des moyens d'en créer? Au nom de quelle définition de la solidarité les contribuables québécois devraient-ils accepter béatement de se laisser égorger par des bonnes âmes qui haïssent la richesse (et les nantis) et parlent, dans leur langue de bois, le langage de la lutte des classes? Ne sont-ils justement pas les contribuables les plus « solidaires », les plus généreux du continent? Jusqu'où la redistribution de la richesse souhaitée par les solidaires est-elle censée nous mener : à l'égalitarisme soviétique, où les gens ordinaires s'entassaient à plusieurs familles par appartement et faisaient la queue pour se procurer quelques rares biens de consommation, tandis que les apparatchiks jouissaient de privilèges matériels, mais où les produits de première nécessité comme le pain et la vodka étaient largement subventionnés? à l'État policier cubain, qui veille scrupuleusement à ce qu'aucun de ses citoyens ne s'enrichisse? Soyons clair : nul ne nie que l'État doive, dans les sociétés ayant atteint un certain seuil de richesse, procéder à une redistribution destinée à soulager la misère par le moyen des impôts et des programmes sociaux. Mais il y a une marge entre reconnaître cette nécessité et prôner des mesures comme celles avancées par Québec solidaire, qui équivalent dans les faits à un crypto-communisme hostile à l'économie de marché. Les pauvres de l'hémisphère sud, y compris ceux du Venezuela néo-bolivarien ou du Brésil de Lula, si bien vus par nos solidaires, s'estimeraient au paradis s'ils pouvaient profiter d'une générosité sociale comparable à celle qui existe au Québec. Dans les faits, la solidarité affichée par la gauche québécoise n'est pas une preuve de sa grandeur d'âme : elle est un produit de sa haine de la richesse et du profit.

La promotion des « droits économiques et sociaux[21] » par les solidaires et leur fixation maladive sur les écarts de revenus est le meilleur moyen d'appauvrir collectivement les Québécois (y compris

---

21 *Ibid.*, p. 77.

les démunis), en faisant fuir les plus mobiles d'entre eux (qui ont le plus souvent de bons revenus) et en y inhibant la création de richesses. Dans un article coup-de-poing publié pendant la campagne électorale du printemps 2007 au Québec, Claude Picher nous rappelait que celui-ci affiche le taux de croissance le plus faible au Canada depuis 10 ans; que l'investissement y est en chute libre; que le taux de chômage y est de 2 % supérieur à la moyenne des autres provinces; qu'un contribuable québécois gagnant 45 000 $ (pas précisément un « nanti ») paie 4 800 $ de plus qu'un Ontarien en impôts sur le revenu; et que la dette y dépasse les 125 milliards de dollars pour 5,8 millions de contribuables dont 41 % ne paient pas d'impôt[22]. C'est sur la base d'un pareil bilan que les solidaires et les anarcho-syndicalistes de l'ASSÉ proposent de « faire payer aux riches et aux entreprises leur juste part d'impôts »[23].

Ils sont confortés dans leurs certitudes par des études comme celle publiée par les professeurs de comptabilité Bernard et Lauzon, de l'UQAM, qui affirment que les entreprises établies au Québec jouissent en quelque sorte d'un traitement de faveur sur le plan fiscal[24]. Ceux-ci écrivent, en conclusion : « Alors que l'on a connu une croissance économique phénoménale au cours des trente dernières années (ce qui est faux, les années 1974-1989 ayant été des années de récession, comme celle de 1979-1982, ou de faible croissance, en plus des poussées inflationnistes des années 1970 et des taux d'intérêts élevés des années 1980 - MS), nos gouvernements se sont privés volontairement de recettes fiscales par la multiplication des abris fiscaux aux nantis, la tolérance et même l'encouragement à l'évasion fiscale dans les paradis fiscaux (on parle ici entre autres des fiducies de

---

22. Claude Picher, « Personne n'en parle », *La Presse Affaires*, 3 mars 2007, p. 1, 4.
23. Jean-Christophe Gascon, « Comment la gratuité scolaire serait-elle possible? », *Revue Ultimatum*, 2006-2007, p. 10.
24. Léo-Paul Lauzon *et al.* *L'autre déséquilibre fiscal. Le déplacement du fardeau fiscal des compagnies vers les particuliers au cours des dernières décennies*, Chaire d'études socio-économiques de l'UQAM, mars 2006, 22 p.

revenus, auxquelles le gouvernement fédéral a retiré leurs avantages fiscaux depuis la publication de ce brûlot – MS), par une importante augmentation des subventions aux entreprises et par la défiscalisation graduelle des compagnies, ce qui a provoqué un sous-financement chronique de nos services publics (qui n'ont pourtant cessé de se multiplier depuis, les programme de garderies à cinq dollars et l'assurance-médicaments constituant des exemples parmi les plus récents – MS), la transformation de nos sociétés d'État en véhicules de taxation (alors qu'Hydro-Québec, par exemple, vend aux particuliers son électricité à des tarifs moins élevés que ce qu'il lui en coûte actuellement pour la remplacer – MS) et par une (sic) accroissement continu de notre dette publique. Des services publics de qualité et la réduction de la dette publique passent par une fiscalité juste et équitable (toujours cette fixation sur une fiscalité « juste »!!! – MS) et non en taxant encore et toujours plus les individus formant la classe moyenne de notre société (alors que les impôts des particuliers ont été réduits, tant au fédéral qu'au provincial, depuis le début de ce siècle – MS) »[25].

Et pourtant, toutes les études sérieuses (les quelques incises que j'ai ajoutées entre parenthèses en commentaires à la conclusion de Lauzon et consorts démontrent que ce n'est pas vraiment le cas avec la leur) montrent que les particuliers et les entreprises établies au Québec paient leur large part d'impôts. Comme l'écrit l'économiste Pierre Fortin : « Nous faisons plus naturellement confiance à ceux qui nous répètent que les riches bénéficient de généreux crédits d'impôts, pratiquent l'évasion fiscale à grande échelle et vont mettre leurs revenus à l'abri dans les paradis fiscaux[26]. » Or, ce n'est tout simplement pas vrai pour l'immense majorité des « nantis » et des entreprises. Ainsi, comme l'écrit M. Fortin plus loin dans le même article,

---

25. *Ibid.*, p. 22.
26. Pierre Fortin, « Comment faire payer les riches! », *L'actualité*, 1er juin 2006, p. 96.

les familles qui constituent les 20 % des contribuables les plus riches au Québec, dont le revenu moyen a été de 75 000 $ par année, ont payé en moyenne 18 000 $ d'impôts sur le revenu en 2003. Ça ne constitue de toute évidence pas de l'évasion fiscale à grande ni même à petite échelle, sans compter que les habitants des autres États et provinces de l'Amérique du Nord sont généralement « plus fortunés et moins taxés que ceux du Québec[27] ». En ce qui concerne la fiscalité des entreprises, Pierre Fortin a démontré, en collaboration avec les chercheurs Luc Godbout et Suzie St-Cerny, de la chaire de recherche en fiscalité et en finances publiques de l'Université de Sherbrooke, que les affirmations de Lauzon et cie sur leur défiscalisation sont des fadaises[28]. Reprenant huit affirmations qui sous-tendent l'étude de Lauzon et de Bernard, ils les réfutent une à une et démontrent notamment, chiffres et exemples à l'appui, que : « au Québec, les gouvernements taxent de plus en plus les profits des entreprises; les impôts des entreprises pèsent de plus en plus lourd dans les revenus fiscaux des gouvernements et dans le revenu intérieur total du pays; la quasi-totalité des entreprises québécoises paient des impôts; les entreprises québécoises versent beaucoup plus d'impôts au gouvernement qu'elles en reçoivent de subventions[29] ». Comme l'écrit la journaliste Michèle Boisvert, cette étude « démontre de façon rigoureuse que, contrairement à l'opinion répandue, le fardeau fiscal des sociétés québécoises n'a pas diminué depuis 20 ou 40 ans, mais considérablement augmenté[30] ». Cette fixation obsessive sur l'imposition des entreprises relève donc davantage de l'idéologie, de la haine du profit et de l'argent, que d'un état de faits inique qu'il faudrait corriger.

---

27. *Ibid.*
28. Luc Godbout, Pierre Fortin et Suzie St-Cerny. *La défiscalisation des entreprises au Québec est un mythe. Pour aller au-delà de la croyance populaire,* Université de Sherbrooke, Chaire de recherche en fiscalité et en finances publiques, octobre 2006, 45 p.
29. *Ibid.,* p. ii.
30. Michèle Boisvert, « Déboulonner un mythe », *La Presse Affaires,* 6 octobre 2006, p. 5.

D'ailleurs, plusieurs pays, « comme les Pays-Bas, la Suède, la Suisse, l'Irlande, le Portugal et la Belgique imposent beaucoup plus légèrement que le Québec le capital investi par les entreprises »[31]. Ce n'est donc pas une question de justice et d'équité, comme veulent nous le faire croire les solidaires et autres anticapitalistes, mais un choix de politique économique. La leur a pour objet de réduire les écarts sociaux en saignant les « nantis » et les entreprises; celle des libéraux vise à stimuler la croissance et à améliorer le sort de l'ensemble des Québécois tout en soulageant la misère des démunis. Comme l'écrit Pierre Fortin : « Malheureusement, bien des socialistes québécois n'ont pas encore pigé. Ils en sont restés à la vision primaire qui conçoit l'impôt sur les profits comme un instrument de lutte de classes. Ils ne se rendent pas compte que l'impôt des sociétés fait plus de mal aux petits salariés qu'ils veulent défendre qu'aux riches actionnaires qu'ils veulent détrousser[32] ».

Alain Dubuc, dans son *Éloge de la richesse*, démontre que le simple fait de hausser le PIB du Québec au niveau de celui de l'Ontario voisine procurerait huit milliards de revenus de plus par année au gouvernement de la province (32 G$ de plus si son PIB rejoignait celui du Massachusetts!), ce qui lui permettrait évidemment de régler quelques problèmes urgents, dont celui de la dette, et d'être encore plus généreux avec les citoyens en général et les démunis en particulier. « Si, écrit-il, ces bénéfices manifestes de la richesse ne nous sautent pas aux yeux, au Québec, c'est d'abord en raison d'importants blocages idéologiques, d'une profonde méfiance envers les riches et la richesse en général[33] ». En effet, ces blocages viennent en bonne partie de la haine de l'argent et de la méfiance envers les riches et les entreprises, qui ne peuvent, aux yeux d'une partie de la population, soit la gauche bien pensante qui bénéficie, hélas, de l'oreille

---

31. *Ibid.*
32. Pierre Fortin, « Comment faire payer les riches! », *L'actualité*, 1er juin 2006, p. 96.
33. Alain Dubuc, *op. cit.*, p. 100.

très attentive (pour ne pas dire complaisante) des médias, être autre chose que des bandits de grand chemin.

Ce qui explique largement pourquoi les propositions de Lucien Bouchard et des cosignataires du *Manifeste pour un Québec lucide* d'octobre 2005 sont toujours rejetées par une majorité de la population, même chez les 15-24 ans, dont on aurait pourtant pu penser qu'ils seraient en révolte contre l'ampleur de la dette publique qui reposera très bientôt sur leurs épaules, mais qui continuent à 70 % à penser que les gouvernements doivent continuer à jouer un rôle important[34]. Cela nous aide aussi à mieux comprendre l'anti-américanisme primaire d'un grand nombre de Québécois qui perçoivent les États-Unis comme le paradis du capitalisme sauvage (opinion qui n'est pas sans fondement) et des inégalités sociales (vision simpliste relevant plus souvent de l'ignorance que de la pensée critique). En effet, au Québec, la tradition ruraliste et anti-capitaliste développée par l'Église catholique et la haine gauchisante de l'économie de marché se sont conjuguées pour faire de nos voisins du Sud, et ce, depuis fort longtemps, un épouvantail à la fois effrayant et commode. Effrayant parce qu'il nous dévoile supposément les conséquences socialement et économiquement inacceptables des errements du capitalisme, dont il faut éviter à tout prix qu'elles ne traversent la frontière, et commode parce qu'il sert de repoussoir pour nous conforter dans l'idée que le « modèle québécois » est supérieur aux autres et qu'il doit être protégé de la tentation matérialiste et individualiste qui a perverti les États-Uniens. Or, nonobstant le fait que le modèle socio-économique américain est le produit d'une histoire et d'une mentalité spécifiques qui ne produisent ici que des effets marginaux (contrairement à ce que le réalisateur d'*Elvis Gratton*, dont le personnage est bien plus un marginal qu'un arché-type, tente de nous faire croire) qui ne sont transposables ni au

---

34. Émilie Côté, « Les propositions des lucides rejetées », *La Presse*, 11 janvier 2007, p. A-7.

Québec, ni en Europe et pas même au Canada anglais, ledit modèle québécois n'a rien de véritablement spécifique, car il existe sous diverses variantes et à des degrés divers dans d'autres pays industrialisés et plusieurs de ses fleurons sont des créations du Canada anglais ou d'autres pays[35]. De plus, il n'est envié ou copié par les populations d'aucun autre pays développé, au contraire des modèles scandinave, néo-zélandais ou même américain, et pratiquement personne ne l'invoque au-delà de nos frontières[36]. Enfin, ses programmes sociaux ne témoignent pas d'une générosité sociale exemplaire et se classent moins souvent comme « des politiques de redistribution, qui caractérisent les sociétés progressistes », que comme « des politiques publiques qui assurent la sécurité des citoyens »[37].

La haine de l'argent et du capitalisme n'a donc pas produit ici une société généreuse et conviviale, comme se plaisent à le penser plusieurs intellectuels, mais une société frileuse et inquiète. Ce sont cette frilosité et cette insécurité qu'on retrouve à divers degrés et selon des modes variables chez les groupes qui composent les coalitions d'éteignoirs qui font l'objet de cet essai (voir leur description détaillée dans le chapitre 1). On y observe bien sûr ceux dont l'anticapitalisme et la haine de l'argent et du profit sont les motivations principales (souvent des intellectuels) : ils cherchent à faire dérailler tout projet auquel l'entreprise privée participe, que ce soit comme initiatrice du projet ou en partenariat public-privé (PPP). Les apparatchiks des groupes populaires et des organismes communautaires, qui sont affligés d'une grave hantise relative aux écarts entre les riches et les pauvres, baignent aussi dans l'anticapitalisme, qu'il soit d'origine chrétienne ou marxiste, et méprisent le développement

---

35. Alain Dubuc, *op. cit.*, p. 176.
36. Karim Benessaieh, « Le modèle québécois tient-il encore la route ? », *La Presse*, 27 novembre 2004, p. A-33.
37. Alain Dubuc, *op. cit.*, p. 137-138.

économique dont ils estiment qu'il est responsable du sort désastreux de leurs protégés, sans admettre que la création de richesse est indispensable à sa redistribution. Les écologistes radicaux, de leur côté, ne voient que les dommages que l'entreprise privée cause à l'environnement et appellent de leurs vœux, au nom de la sauvegarde de la planète, la mise en place d'une dictature mondiale pour mettre fin à la consommation de masse et à l'industrialisation et pour contrer l'appât du gain par des politiques répressives et interventionnistes. Les hargneux débusqueurs de complots, quant à eux, se méfient de l'entreprise privée comme de la peste parce qu'ils croient intimement que le bien commun est constamment sacrifié à la satisfaction des intérêts égoïstes protégés par des gouvernements mous ou corrompus, et ils adhèrent massivement à la légende urbaine selon laquelle les grandes entreprises ne paient pas assez d'impôts et les riches jouissent de paradis fiscaux exorbitants : ils sont anticapitalistes non par principe, comme les trois groupes précédents, mais parce qu'ils croient que c'est une preuve d'intelligence et de sagacité (et parce qu'ils jalousent les riches). L'anticapitalisme des « pas-dans-ma-cour », quant à lui, est davantage affaire de mentalités que d'opinions, car il ne se révèle que quand leurs intérêts de résidants sont menacés, mais il peut alors prendre des formes et une ampleur disproportionnées, donnant à penser qu'on a affaire à des disciples aguerris ou enragés de Marx ou de Lénine. Quant aux artistes faire-valoir, ce sont des anticapitalistes de papier dont les positions découlent de leur désir de bien paraître ou d'être aimés, car leur sensibilité exacerbée les aide à sentir d'où vient le vent et à savoir instinctivement comment avoir l'air *cool*.

CHAPITRE 3

Être de gauche
dans le regard des autres

Ma belle-mère, une personne charmante, aime bien dire à qui veut l'entendre qu'elle est « de gauche ». Ce disant, elle laisse entendre à ses interlocuteurs qu'elle est une personne ouverte d'esprit (ce qui est vrai dans son cas) et favorable au progrès, chose qui doit être perçue comme remarquable vu son âge et la supposée tendance des personnes du troisième (et encore plus du quatrième) âge à être conservatrices pour ne pas dire réactionnaires. Dans ce théâtre social dans lequel chacun écrit son propre rôle, elle réussit ainsi à se singulariser, ce qui est en soi un avantage (on peut y arriver par ses idées et ses propos, mais aussi par son apparence, ses habitudes de consommation, y compris et surtout culturelle, ou ses agissements). Dans la « chasse au *cool* », « terme dominant d'une position culturelle diversement appelée avant-gardiste, alternative et branchée »[1], elle marque ainsi plusieurs points, en particulier quand on tient compte de sa place dans la pyramide des âges.

---

1. Joseph Heath et Andrew Potter, *Révolte consommée. Le mythe de la contre-culture*, Outremont, Éditions du Trécarré, 2005 (2004), p. 233.

Mais, et c'est encore mieux, elle le fait, comme le veut l'image d'Épinal qui sert de référence à la majorité de la population en ce cas, en associant cette affirmation à des motivations et à des idées altruistes et généreuses. Car être de gauche, c'est afficher une certaine supériorité morale. La gauche, c'est le cœur, chaleureux et humain, tandis que la droite, c'est la froide raison, calculatrice et inhumaine. Ainsi, un auteur de téléromans contre-culturels à succès répondait récemment à une animatrice de la radio d'État, qui lui demandait s'il songeait à faire un jour de la politique, qu'il n'y avait pas encore pensé sérieusement, mais que, s'il se lançait un jour, ce serait pour appuyer les idées et les gens qui sont « du côté du cœur », surfant ainsi sur le cliché éculé, mais néanmoins toujours efficace, selon lequel la gauche aurait le monopole de la générosité et de la compassion. Or, on le sait, pour réussir en politique de nos jours, il faut avoir l'air généreux et compatissant. À moins d'avoir décidé une fois pour toutes de carburer à l'idéologie et de camper *ad vitam æternam* sur les banquettes de l'opposition ou même hors du Parlement. On n'a qu'à comparer les cotes de popularité du Lucien Bouchard social et fraternel de 1995-1996 avec celles du Lucien Bouchard « lucide » et père Fouettard de 2005-2007 pour valider cette affirmation.

En ce sens, il est beaucoup plus facile et réconfortant, dans la société occidentale en général et au Québec en particulier, de se dire de gauche que de droite. Dans certains milieux de travail (le monde de l'enseignement, la fonction publique, la faune artistique), la tendance au conformisme intellectuel « gauchisant » est si forte que ceux qui n'endossent pas ces idées n'ont d'autre choix que de se taire ou de faire semblant, bien qu'ils constituent parfois une majorité, quitte à être traités comme des pestiférés. Un enseignant ou un fonctionnaire de droite est mis au ban de la profession (ainsi un membre de ma famille, professionnel dans la fonction publique québécoise, qui a malencontreusement avoué à ses collègues qu'il avait voté pour les conservateurs aux élections fédérales de 2006). Les artistes qui ne se disent pas de gauche sont une rareté et ils sont ignorés, de même que leurs œuvres, dans les milieux bien pensants de la diffusion culturelle, quand ils ne sont pas carrément ostracisés (à moins de faire dans la bienfaisance, comme notre diva nationale). L'imposture va si loin que les scénaristes de la récente série télévisée sur la vie de Félix Leclerc ont fait participer celui-ci aux manifestations de Mai 68 en France (une première version l'aurait même fait lancer des cocktails Molotov!), alors que toute personne qui connaît un tant soit peu son œuvre sait y reconnaître les thèmes du clérico-nationalisme ruraliste, avec sa glorification de l'agriculture, du travail, de la famille et de la patrie. Le fils de l'icône s'est d'ailleurs senti obligé de rétablir les faits en reconnaissant que son père n'avait aucunement pris part à ces événements, pour aussitôt affirmer que celui-ci était néanmoins « [...] plutôt de gauche, comme la majorité des artistes »[2]. On aurait été bien embêtés, dans le monde des *aficionados* et des thuriféraires du monde artistique (et encore plus chez les adorateurs du barde de La Tuque), si le fils avait simplement admis que le chantre de l'île d'Orléans était, si on excepte son engagement souverainiste qui brouille l'image, un homme de droite. On pourrait dire, comme le voulait la maxime clérico-nationaliste selon laquelle « un Canadien français qui n'est pas catholique est une impossibilité », qu'un artiste qui n'est pas de gauche (ou qui ne se présente pas comme tel) est une incongruité.

Ce conformisme est visible entre autres dans l'émission qui fait la pluie et le beau temps actuellement en ce qui a trait aux cotes d'écoute, *Tout le monde en parle*. Dans un papier qui est hélas passé relativement inaperçu, le sociologue des médias Jean-Serge Baribeau dénonçait les cinq « correctitudes » qui la caractérisent : la correctitude nationaliste, la correctitude humoristique, la correctitude

---

2. Luc Chartrand, « Félix était-il de droite? », *L'actualité*, 1er juin 2006, p. 100.

baveuse, la correctitude anti-critique et, bien sûr, la correctitude gauchiste :

> « Il faut prouver que l'on appartient à la gauche-caviar, à la gauche Christian Dior [peut-être plus Prada, mais enfin-MS], à la gauche « style Plateau Mont-Royal ». Il faut détester le président Bush. S'il est question de Fidel Castro, il ne faut pas être trop critique et il est de bon ton d'alors inviter Jacques Lanctôt. Il faut être syndicaliste, donc ne pas être anti-syndicaliste et appuyer la grève des travailleurs de la SAQ. Il faut toujours être pour la justice avec un grand J, contre toutes les injustices »[3].

Dans ce « *show* de chaises » qui vogue sur les idées reçues, l'immense majorité des invités campe frileusement sur les positions « gauchistement » correctes des animateurs de l'émission : on y dénonce la pauvreté et le capitalisme (alors que la plupart des membres de ce *happy few* profitent allègrement de l'économie de marché); on y caricature nos voisins américains, présentés comme une bande de *rednecks* incultes, hormis la courageuse minorité qui dénonce le « système » derrière les Michael Moore et autres Noam Chomsky; on s'y déclare pacifiste à tout crin, mettant toutes les guerres, les justes comme les injustes, les crapuleuses comme les nécessaires, dans le même sac malodorant de la violence destructrice et inhumaine; on y louange sans retenue tous les soi-disant rebelles de la contre-culture et les porte-parole de la gauche (la socialiste plus que la sociale-démocrate, toujours un peu suspecte), quelle que soit la valeur de leurs idées et de leurs propositions; et on s'y abstient systématiquement de remettre en question le grand credo socialisant des bien-pensants de la République autonome du Plateau selon lequel les programmes sociaux devraient être d'une générosité sans bornes, les tarifs des services publics éternellement gelés à défaut d'être

---

3. Jean-Serge Baribeau, « Éminemment conformiste », *La Presse*, 4 octobre 2006.

gratuits et les grandes entreprises capitalistes imposées à mort. Ceux qui ne communient pas aux valeurs communes, ne se fondent pas dans l'Oumma sénestre, sont invités pour servir de repoussoirs et être dénigrés pour ne pas dire ridiculisés en public (mais pas en direct, puisque le montage de l'émission demeure une prérogative sacrée des grands prêtres de l'émission) : ce sont, comme l'écrivait Baribeau, les cons de service.

Il est amusant de s'imaginer à quoi une émission du genre aurait ressemblé dans la première moitié du XXe siècle. N'y aurait-on pas vu une majorité d'invités (artistes compris), rangés en bloc derrière les animateurs en soutane, dénoncer le capitalisme (tiens, une constante!!!), mépriser l'argent et le profit (une seconde!!!), louanger l'agriculture et maudire l'industrie (une autre???), affirmer avec force son attachement à la nation canadienne-française (décidément!!!) et à ses valeurs sacrées, la foi, la langue et la tradition, condamner sans appel les personnes qui ne se conformaient pas à leur évangile conservateur et nationaliste et lancer des anathèmes *urbi et orbi*. Deux époques, deux conformismes!

Le problème, chez plusieurs Québécois, c'est qu'ils ne savent pas très bien ce que recouvre en réalité ce concept de gauche, outre son association automatique avec la générosité sociale et le progrès (en plus de l'aura de rebelle qu'elle confère). Quand Lucien Bouchard a lancé le *Manifeste pour un Québec lucide* en octobre 2005, plusieurs se sont déclarés en accord avec la majorité des idées qui y étaient avancées. Puis, quelques jours plus tard, après que ledit manifeste ait été étiqueté « de droite » par plusieurs journalistes et par les porte-parole de la gauche autoproclamée progressiste, certains d'entre eux l'ont rejeté en bloc sans pour autant remettre en question de manière argumentée ses propositions. Il a suffi que les ténors de la rectitude sénestre (y compris bien sûr notre mielleuse pasionaria nationale, madame David) l'associent dans les médias au néolibéralisme et aux inégalités sociales et lient ses positions à celles « des puissants et des bien nantis[4] » pour que la part de l'opinion publique la plus sensible à la direction du vent s'en détourne ostensiblement.

Il faut aussi dire qu'il y a, *grosso modo* depuis les années 1960, une grande confusion intellectuelle quant à ce que sont réellement les idées de gauche. Un professeur de philosophie de l'Université de Toronto, Joseph Heath, et un chercheur au Centre de recherche en éthique de l'Université de Montréal, Andrew Potter, ont récemment publié un essai décapant (*Révolte consommée. Le mythe de la contre-culture*) dans lequel ils s'en prennent à la rébellion contre-culturelle qui, dénonçant pêle-mêle le soi-disant conformisme de la société occidentale, la personnalité autoritaire, la normalité, la consommation, le matérialisme, l'américanisation, la mondialisation, en somme le « système », non seulement « détourne de l'énergie et des efforts qui permettent d'améliorer concrètement la vie des gens, mais [...] encourage le mépris systématique à l'égard de ces changements progressifs »[5]. En somme, ils décortiquent un ensemble de pratiques et de discours (la déviance sociale, la « rébellion » consumériste, l'anti-matérialisme, la simplicité volontaire, le mouvement *No Logo*, le rejet du libre-échange, l'orientalisme, la médecine alternative, l'écologisme radical, etc.) qui se présentent sous les aspects de la révolte de gauche contre les institutions, mais dans les faits ne contribuent qu'à renforcer le système et à affaiblir le véritable réformisme. Ainsi a-t-on pu lire avec stupéfaction, dans un numéro récent de *L'actualité*, que l'actuelle présidente de la Fédération des chambres de commerce du Québec, autrefois présidente de Télé-Québec et du Conseil de la radiodiffusion et des télécommunications canadiennes, madame Françoise Bertrand, en somme une apparatchik qui collectionne les postes de direction, se considère comme une « rebelle ». Comme dirait l'autre, maintenant que j'ai tout entendu, je peux mourir l'âme en paix.

---

4. http ://www.pourunquebecsolidaire.org/index.php?manifeste
5. Joseph Heath et Andrew Potter, *op. cit.*, p. 24.

En somme, une bonne partie de l'opinion publique québécoise ne sait pas exactement ce que signifie « être de gauche », outre le lien plus ou moins clair tracé avec l'État-providence et la compassion envers les démunis. Pire, un certain nombre de contestataires professionnels, de « rebelles », de manifestants de toutes les causes, de « solidaires », etc., se perçoivent comme faisant partie du grand mouvement historique de la gauche vers la Justice et l'Égalité alors que dans les faits, leurs positions et leurs actions nuisent aux progrès réels et concrets des populations qu'ils prétendent défendre. Il suffit qu'on soit indigné par une situation quelconque pour qu'on estime tout naturellement que notre discours et notre action vont dans le sens du « progrès social ». Un raisonnement vicieux s'est en effet incrusté dans la mentalité populaire : 1) un problème existe, qui suscite l'indignation (ex. : la pauvreté); 2) certaines personnes indignées critiquent cet état de faits (« les pauvres sont toujours plus pauvres, les riches toujours plus riches »); 3) ces critiques sont nécessairement valides et les solutions proposées (« taxer les riches et les grandes compagnies pour redistribuer la richesse ») justifiées puisqu'elles remettent le « système » en question et critiquent les gouvernements, les entreprises et les nantis. Peu importe que la solution proposée fasse fuir lesdits riches et amène une diminution des investissements, provoquant ainsi un appauvrissement collectif : la bonne conscience sénestre s'en trouve satisfaite. Il y a une dimension médiévale dans cette vision du monde, selon laquelle l'existence d'un problème social provient nécessairement de l'égoïsme, de l'indifférence ou de la méchanceté des puissants ou de l'iniquité du système : c'est une sorte de théorie du complot, de rumeur de la rue, modernisée.

Ainsi, les manifestants altermondialistes (ceux-ci, malgré leur prétention à constituer l'incarnation de la « parole citoyenne », ne représentent qu'eux-mêmes, doit-on le rappeler) qui se sont dressés contre la ZLÉA et contre les négociations des membres de l'OMC liées au cycle de Doha (qui porte principalement sur les subventions et les barrières tarifaires liées aux produits agricoles) affirment-ils se

battre contre la mondialisation néolibérale et les stratégies machia-
véliques des pays développés (les États-Unis au premier rang, bien
sûr) quand ils tentent de les faire dérailler. Parce que le libre-échange
est lié dans leur esprit au capitalisme et qu'ils subodorent de som-
bres desseins chez les pays développés, ils rejettent la mise en place
d'accords entre ceux-ci et les pays en voie de développement, dont
les leaders sont pourtant souvent favorables à la réduction des barrières tarifaires et à la diminution des subventions aux producteurs
dans les pays développés. Ils ont même l'outrecuidance de contester
la légitimité des dirigeants (pour la plupart élus) qui participent à ces
négociations, eux qui se sont attribués le mandat de les dénoncer.
Des études ont pourtant estimé que la simple suppression des tarifs
douaniers sur les denrées agricoles et des subventions à l'agriculture
dans les pays développés (Europe et Amérique du Nord) amènerait
un flux annuel d'environ 200 G$ aux pays en voie de développe-
ment, dont une large part irait aux pays africains. Inutile de dire que
cet influx d'argent irriguerait l'économie de ces pays et stimulerait
la progression de leur PIB, rendant ainsi l'aide internationale
(actuellement souvent inefficace et même détournée) superfétatoire[6]
et démontrant le côté illusoire du commerce « équitable ». Pourtant,
les altermondialistes continuent de combattre le libre-échange dit
néolibéral et de prôner l'augmentation de l'aide internationale (tout
en scandant la formule magique : « Annulons la dette des pays pauvres ! »). Quelle logique ! Cette tragédie tourne à la pantalonnade
quand on voit José Bové, un protectionniste notoire, se présenter
comme un ami du tiers-monde.

La situation devient grotesque quand on voit ces « pas-dans-ma-
cour », qui cherchent à faire dérailler les projets qui troublent leur

---

6. Sur la nouvelle économie-monde et les relations centre-périphérie, voir Daniel Cohen, *La mondialisation et ses ennemis*, Paris, Bernard Grasset, 2004, p. 77-126. Sur les barrières tarifaires qui empêchent
les agriculteurs du tiers-monde d'exporter leurs produits en Europe ou en Amérique du Nord, voir Marie-
Ève Cousineau, « La guerre du coton », *L'actualité*, 15 novembre 2006, p. 140-148.

quiétude ou modifient leur paysage, se draper dans la toge de l'infamie, celle des citoyens-détenteurs-de-droits-inaliénables, et invectiver les élus qui permettent qu'on attente à ces droits au nom d'une supposée démocratie directe dont ils seraient les parangons. On a vu récemment des résidants de Montréal littéralement baver de rage et hurler à la dictature devant les caméras parce que le conseil municipal de la métropole avait décidé de changer le nom de leur rue pour honorer la mémoire de l'ex-premier ministre Robert Bourassa. Citoyenne et de gauche, l'opposition des « pas-dans-ma-cour » à la construction d'un hôtel-musée géré par des Autochtones, à la construction de condos (et de logements sociaux !) dans l'ancienne usine d'Imperial Tobacco à Saint-Henri, à l'implantation d'éoliennes dans le Bas-St-Laurent, à la construction d'un centre d'hébergement et de soins de longue durée (CHSLD) dans un quartier résidentiel, à la mise en service d'un nouveau trajet d'autobus du RTC dans leur rue bordée de cottages à 500 000 $? Laissez-moi rire !

Le *Dictionnaire historique de la langue française* (Robert) attribue au mot « gauche » une origine incertaine et indique qu'il s'applique, à partir du XIIe siècle, à ce qui présente une déviation, puis qu'il signifie, au XIVe siècle, « de travers » avant de remplacer « senestre » (*sinistra*, soit « main gauche, fâcheux, maladroit » en latin) au XVe siècle. Ce n'est qu'à la Révolution française qu'il acquiert son sens actuel, les partisans de la révolution et des idées progressistes s'étant alors spontanément placées à la gauche du président de l'Assemblée nationale. C'est donc un terme qui est né avec un sens péjoratif pour acquérir une signification positive, et par conséquent convoitée dans la symbolique socio-lexicale, à partir de la fin du XVIIIe siècle. Dans leur *Lexique de science politique*, Philippe Boudreau et Claude Perron le définissent ainsi :

> « En politique, on situe à gauche des idées ou idéologies, des acteurs politiques, des discours, des attitudes favorables au changement en termes d'égalité, de justice et de démocratie et

qui, en dernière analyse, favorisent les classes sociales ou groupes dominés ou méprisés. Ainsi, par exemple, la gauche prône la liberté de pensée et d'action, les transformations sociales, la justice sociale et économique, l'égalité des droits des peuples, etc. »[7]

Cette définition, on le constate, est tout à fait conforme à l'image que la plupart des gens ont de la gauche. Or, elle est trompeuse parce qu'elle repose davantage sur l'idée que les partisans de la gauche se font de celle-ci que sur les idées et actions de la gauche du XXIe siècle. C'est une définition qu'on pourrait qualifier de « romantique ». Ainsi y stipule-t-on que les acteurs et idées de la gauche sont « favorables au changement ». Cela est tout à fait inexact : la gauche incarne aujourd'hui, comme l'affirme Alain Dubuc et comme j'aurai l'occasion de le démontrer dans cet essai, « l'immobilisme et la résistance au changement »[8]. Ses partisans montent beaucoup plus souvent aux barricades pour empêcher des réformes et bloquer des projets que pour réclamer des changements. Pire, ils soutiennent des positions (le gel des frais de scolarité, un tarif universel dans les centres de la petite enfance (CPE), le maintien de bas tarifs d'électricité, etc.) qui sont socialement injustes et freinent le progrès social. De même, quand Boudreau et Perron écrivent que la gauche « prône la liberté de pensée et d'action », ils sombrent dans l'angélisme. Car il est bien connu que si elle profite largement de celle-ci quand elle est dans l'opposition, la gauche n'hésite aucunement à la réprimer sévèrement quand elle s'empare du pouvoir comme l'illustrent les cas de la grande majorité des régimes de gauche que la planète a connus, de l'URSS sous Lénine et Staline en passant par la Chine maoïste, le Vénézuela néo-bolivarien et Cuba sous Castro. Seuls les régimes socialistes ou sociaux-démocrates établis dans les pays ayant une

---

7. Philippe Boudreau et Claude Perron, *Lexique de science politique*, Montréal, Chenelière/McGraw-Hill, 2002, p. 85.
8. Alain Dubuc, « Mais où est donc la gauche? », *Le Soleil*, 21 janvier 2007, p. 23 (aussi publié dans *La Presse* ce même jour).

longue et solide tradition démocratique (comme la France ou la Grande-Bretagne), des exceptions en somme, ayant respecté les libertés individuelles. Comme l'écrit Pascal Bruckner, la véritable passion de la gauche radicale n'est pas la liberté, « mais la servitude au nom de la justice »[9].

Il me semble qu'il serait temps, au vu de l'histoire des cent dernières années, de proposer de nouvelles définitions de la gauche (et de la droite) qui soient moins romantiques et plus conformes à la réalité. On pourrait définir la gauche ainsi : « mouvement rassemblant les partisans d'un certain égalitarisme socio-économique et de l'intervention de l'État dans la plupart des domaines de l'activité humaine, et se déclarant réfractaire à la logique de l'économie de marché ». Et la droite : « mouvement rassemblant les partisans de la liberté individuelle et de l'économie de marché qui cherchent à limiter l'intervention de l'État aux domaines où l'entreprise privée est incompétente ou inefficace, et qui soutiennent que le développement économique est une condition *sine qua non* à une répartition équitable de la richesse ». Pour prosaïques qu'elles soient, ces définitions me semblent plus neutres et plus opérationnelles, notamment parce qu'elles ne comportent pas de vocables idéologiquement chargés comme « progrès » ou « justice ». De plus, elles n'attribuent pas à un des deux camps une quelconque supériorité morale sur l'autre. Mais, hélas, les partisans de la gauche continuent à voir dans leur lutte la croisade du Bien contre le Mal, du Juste contre l'Inique. La vision des libéraux, qui mènent « le combat du préférable contre le détestable », selon la judicieuse expression forgée par Raymond Aron, m'apparaît nettement plus lucide et moins prétentieuse.

---

9. Pascal Bruckner, *La tyrannie de la pénitence. Essai sur le masochisme occidental*, Paris, Grasset, 2006, p. 40.

D'ailleurs, le fait d'associer automatiquement la gauche avec le progrès et la justice constitue à mon sens une sorte d'aveuglement volontaire pour ne pas dire de fraude intellectuelle. Ainsi, une idée dite progressiste peut avoir un résultat concret qui n'a rien à voir avec le progrès ni la justice. Je prends pour exemple la défense du gel des frais de scolarité (instauré en 1994 par le gouvernement Parizeau) par le mouvement étudiant et la plupart des partisans de la gauche. Ceux-ci défendent ce gel bec et ongles (quand ils ne prônent pas la gratuité tout court) en s'appuyant sur les deux arguments suivants : 1) la hausse de ces frais appauvrirait les étudiants; 2) elle nuirait à l'accessibilité aux études supérieures des étudiants provenant des milieux les moins bien nantis. À première vue, la justesse de ces deux affirmations tombe sous le sens. Or, comme je le démontrerai dans le chapitre 7 (« Les droits de scolarité : le corporatisme borné des nantis de demain »), ce sont des truismes. En effet : 1) il n'est démontré nulle part qu'une majorité d'étudiants aux études supérieures sont pauvres (au contraire, ils proviennent majoritairement des classes moyennes et des supérieures); 2) la pauvreté des étudiants est souvent une condition temporaire largement compensée par les revenus majorés qu'ils obtiendront grâce à leur diplôme (et donc vite oubliée et même remémorée comme l'âge d'or de la bohème); 3) les partisans du dégel proposent que celui-ci soit assorti d'une augmentation de l'aide financière aux étudiants démunis, ce qui le compenserait largement; 4) toutes les études empiriques (terme opposé ici à idéologiques) sur le sujet démontrent que l'importance des frais de scolarité n'a qu'un effet marginal sur l'accessibilité aux études supérieures des étudiants provenant des familles à faible revenu[10]; 5) le bas niveau des frais de scolarité profite davantage aux étudiants des classes moyennes et supérieures, qui sont plus nombreux et obtiennent à rabais des diplômes qui leur permettront de

---

10. Malorie Beauchemin, « L'argent n'est pas un obstacle majeur à l'accès à l'université », *La Presse*, 9 février 2007, p. A-8.

maintenir ou d'accroître leur statut social (et de renforcer ainsi la logique de la reproduction sociale[11]); 6) le gel contribue largement à la précarité de la situation financière des universités québécoises et nuit ainsi objectivement à la qualité de la formation qui y est offerte et à leur compétitivité sur le marché nord-américain[12]. On pourrait faire une analyse semblable de la position de la gauche sur les tarifs dans les centres de la petite enfance, actuellement fixés à 7 $ après que le gouvernement Charest eut décidé, provoquant ainsi des réactions hystériques, de renoncer à les maintenir au montant originel (et par conséquent sacralisé) de 5 $, ou sur les tarifs de l'hydro-électricité, dont chaque hausse provoque une vague d'indignation larmoyante et tonitruante chez les pseudo-défenseurs des gens à faibles revenus.

Comme l'écrit Alain Dubuc :

> « On peut donc conclure que le Québec serait plus juste s'il augmentait les frais de scolarité et prenait une partie de l'argent pour accroître substantiellement l'aide aux étudiants qui en ont vraiment besoin; si les garderies étaient plus chères pour les familles aisées pour déployer plus de ressources vers les milieux vulnérables; si on faisait payer le juste prix de l'électricité en aidant ceux pour qui cela serait un fardeau.
>
> Pourquoi la gauche se braque-t-elle contre ces idées? Parce qu'elle est maintenant la droite, qui incarne l'immobilisme et la résistance au changement. Elle s'attaque aux symboles, elle défend des acquis, elle s'accroche au *statu quo*, elle valorise le passé, elle résiste aux débats qui mèneraient au changement, elle

---

11. Pierre Bourdieu et Jean-Claude Passeron. *La reproduction : éléments pour une théorie du système d'enseignement.* Paris, Éditions de Minuit, 1983 (1970). 279 p.
12. Marie Allard et Malorie Beauchemin, « Des recteurs crient au secours », *La Presse*, 8 février 2007, p. A-8.

refuse des chemins qui permettraient d'aller plus loin sur le chemin du progrès social. C'est la définition même du conservatisme[13]. »

D'ailleurs, quiconque fréquente les médias avec assiduité et d'un œil critique aura remarqué que les deux substantifs qui reviennent le plus souvent dans le discours des « nonistes » et des partisans de la gauche sont « danger » et « mépris ». Je cite pour exemple la réaction des « croisés de Rabaska » à une chronique de François Bourque dans *Le Soleil* du 1ᵉʳ février 2007[14]. Dès le lendemain, M. GIRAM lui-même demandait au chroniqueur : « Pourquoi tout ce mépris à l'endroit du GIRAM? »[15], tandis qu'un quidam de Lévis qualifiait sa chronique de « méprisante » et d'« insultante » à l'endroit de « tous ceux qui travaillent fort à vouloir contribuer honnêtement à éclairer (sic) le débat »[16]. Autre exemple : dans les jours et les semaines qui ont suivi la publication de « L'heure de gloire des éteignoirs » dans *La Presse[17]* et *Le Soleil[18]*, des dizaines de personnes réfractaires au contenu de ce texte m'ont répondu (dans les journaux, sur leur blogue ou par courriel) : invariablement ou presque, leur réponse contenait le mot « mépris », une ex-collègue offensée (et très impliquée dans le mouvement anti-Rabaska) ayant même intitulé son courriel « Le mépris, c'est ça ». On pourrait multiplier ce type d'exemples à volonté. En ce qui a trait au mot « danger », il surgit dans leurs bouches et dans leurs textes dès que le gouvernement propose une réforme qui ne va pas dans le sens de la réduction immédiate et palpable des inégalités sociales ou qu'une entreprise lance un projet de développement : danger d'accroissement des gaz à effet de serre (le Suroît); danger de

---

13. Alain Dubuc, « Mais où est donc la gauche? », *Le Soleil*, 21 janvier 2007, p. 23 (aussi publié dans *La Presse* ce même jour).
14. François Bourque, « Les croisés de Rabaska », *Le Soleil*, 1ᵉʳ février 2007, p. 5 (Actualités).
15. Gaston Cadrin, président du GIRAM, « Pourquoi tout ce mépris à l'endroit du GIRAM? », *Le Soleil*, 2 février 2007, p. 21.
16. Louis-Marie Asselin, « Une chronique méprisante », *Le Soleil*, 2 février 2007, p. 21.
17. Marc Simard, « Les éteignoirs », *La Presse*, 17 mars 2006, p. A-17.
18. Marc Simard, « L'heure de gloire des éteignoirs », *Le Soleil*, 18 mars 2006, p. A-29.

propagation du jeu compulsif chez les pauvres de Pointe-Saint-Charles (projet de casino associé au Cirque du Soleil au bassin Peel); danger d'une fuite de gaz, d'une explosion, d'un accident maritime et même du terrorisme (Rabaska); danger de l'embourgeoisement « sauvage » du quartier (projet de condos dans l'ancienne usine d'Imperial Tobacco à Saint-Henri); danger d'augmentation de la circulation automobile (projet d'hôtel géré par les Autochtones à Wendake ou même construction d'une garderie à Rosemère); danger de détruire le modèle québécois (augmentation des tarifs quotidiens dans les centres de la petite enfance de cinq à sept dollars[19]); danger d'une diminution de la fréquentation des universités et de la paupérisation massive des étudiants à la suite d'un éventuel dégel des frais de scolarité; danger de la sous-traitance débridée, des pertes massives d'emploi et de la diminution générale des salaires des travailleurs (réforme de l'article 45 du Code du travail); danger de détruire un boisé unique à la végétation étagée ou un milieu humide « exceptionnel » en prolongeant une autoroute (du Vallon ou 173 à Stoneham); danger de perdre son identité à cause du changement de nom d'une rue (avenue du Parc). Progressiste, c'est-à-dire partisane « du progrès politique, social et économique » (*Le Robert*), la gauche? Vraiment? Un peu de sérieux, s'il vous plaît!

L'affiche du spectacle « Les invasions lucides » du groupe les Zapartistes, qui dit faire de l'humour politique souverainiste et de gauche, illustre à merveille les clichés de la gauche québécoise. Cette bande se complaît habituellement dans l'humour fangeux, les attaques personnelles et les farces de bas étage comme le montre leur participation à un congrès de délégués syndicaux de la CSN et de la FTQ tenu le 23 septembre 2005 au Palais des congrès de Montréal,

---

19. Dénonçant vigoureusement cette augmentation, une de mes jeunes collègues disait, à l'époque, avec des trémolos dans la voix, que les libéraux étaient en train « de détruire tout ce qu'on a bâti depuis 40 ans ». Quelques semaines plus tard, recevant son premier chèque de paye, elle s'indignait des montants que les gouvernements y prélevaient en impôts!

où ils se sont laissés aller à des blagues d'un goût plus que douteux sur le PDG de Bombardier, M. Laurent Beaudoin, la présidente du Conseil du Trésor, Mme Monique Jérôme-Forget et le ministre des Finances, M. Michel Audet, suggérant que le premier avait demandé à ce dernier de cirer ses chaussures et à madame Jérôme-Forget de lui faire une fellation[20]. Au cours du même congrès, ils ont poursuivi en traitant les membres du PLQ de «menteurs, crosseurs, bandits, mafieux, gangsters, corrompus, faux culs et malfrats», propos indignes d'une société libre et démocratique, auxquels lesdits délégués syndicaux ont néanmoins «applaudi à tout rompre». Si ces insultes gratuites sont de l'humour, alors Jeff Fillion est le prince de la gaudriole, Gilles Proulx le monarque de la drôlerie. On s'interroge aussi sur le sens éthique des présidents de la CSN et de la FTQ qui n'ont pas dénoncé les immondices des Zapartistes alors qu'ils étaient présents. Comment réagiraient-ils si des «humoristes» leur prêtaient des comportements de cette nature entre eux, par exemple, ou les qualifiaient de «charlatans, de maquignons, d'exacteurs et de concussionnaires»? Diraient-ils alors qu'il faut prendre ces propos «avec un grain de sel»? Excuseraient-ils ces bouffons parce ceux-ci se prétendent humoristes?

Quoi qu'il en soit, on voit, dans le coin inférieur droit de l'affiche, un drapeau américain sur lequel les étoiles sont remplacées par de minuscules croix : subtil message à l'effet que les États-Unis sont un pays belliciste et pourvoyeur de mort (en écartant du revers de la main [senestre?] les guerres justes du dernier siècle auxquelles ils ont participé pour sauver la démocratie et lutter contre les totalitarismes nazi et soviétique). Dans le coin inférieur gauche, un porc aux dents acérées ayant pour langue le drapeau canadien : fine allusion à la nature prévaricatrice (?) du fédéralisme canadien et à l'impureté (pour ne pas dire la saleté) des tenants de cette option politique. Au centre,

---

20. Louise Leduc, «Des Zapartistes accusés de grossièreté», *La Presse*, 24 septembre 2005, p. A-9.

un complet avec cravate rouge (symbole du Parti libéral?) duquel un homme s'extirpe (ou dans lequel il se cache?), surveillé par la mort (derrière lui) et le diable (devant) : délicate critique de l'entrepreneur capitaliste qui se barricade derrière son costume, obtient des faveurs du parti au pouvoir, pactise avec Satan et mène ses affaires jusqu'à en oublier qu'il est mortel (?). Et enfin, pour compléter ce gongorisme, dans le coin supérieur droit, un drapeau du Québec sur lequel les fleurs de lys sont remplacées par des signes de piastre : brillante démonstration que le Québec a perdu son âme en se vendant à la vénalité capitaliste. Antiaméricanisme primaire, anti-fédéralisme sectaire, anticapitalisme vulgaire et dédain de la classe politique comme de la majorité des citoyens québécois : on reste pantois devant tant de raffinement et de subtilité!

Les invasions lucides
Affiche d'Éric Godin (www.ericgodin.com)
Source : site www.leszapartistes.com

En fait, la gauche québécoise est une « progressiste de papier », comme les réactionnaires et l'impérialisme américain étaient des « tigres de papier » pour Mao Zedong. En réponse à un article d'Alain Dubuc, qui avait taxé la gauche québécoise de conservatisme[21], Jean-Yves Desgagnés et Monique Voisine, porte-parole de Québec solidaire pour la région de Québec, ont pondu une réplique où ils étalent indécemment leurs vertus (bien sûr, à leurs yeux, la gauche est intrin-sèquement bonne) et où la pensée magique est reine[22]. Selon ces deux « citoyens [en fait des apparatchiks sociaux] impliqués dans la naissance de Québec solidaire », la « nouvelle gauche québécoise » est « d'abord un projet d'émancipation démocratique » : en fait, ils demandent la mise en place d'un mode de scrutin proportionnel qui leur permettrait de faire élire quelques-uns de leurs compatissants collègues à l'Assemblée nationale (même si les sondages constatent leur stagnation autour de 5 à 7 % des intentions de vote et que les élections générales les ramènent systématiquement sous la barre des 5 %) et se réclament d'une vague « démocratie participative » dont on ne sait trop comment elle fonctionnerait concrètement. Elle est aussi bien sûr écologique parce qu'elle propose « un autre modèle de développement économique socialement rentable et durable, dans le respect de l'environnement » : outre le communisme à la soviétique ou la « société des petits producteurs » imaginée par les anarchistes, on voit mal quel pourrait être cet autre modèle, qui nécessiterait certainement la mise en place d'un État policier pour en assurer le fonctionnement et probablement la création de camps de rééducation pour les producteurs et les consommateurs égoïstes qui n'auraient pas compris la grandeur de cette altérité. Elle se veut aussi altermon-dialiste et « préconise la solidarité des peuples avant la liberté de commerce » : mais quelle est donc la nature de cette solidarité si elle

---

21. Alain Dubuc, « Mais où est donc la gauche? », *Le Soleil*, 21 janvier 2007, p. 23 (aussi publié dans *La Presse* ce même jour).
22. Jean-Yves Desgagné et Monique Voisine, « Un autre monde est possible », *Le Soleil*, 25 janvier 2007, p. 24.

ne se préoccupe pas du commerce? Hormis la haine de l'économie de marché et du profit, on a du mal à comprendre à quoi rime cet alter-mondialisme. Quelle ironie : la gauche des années 60 souhaitait le développement économique du tiers-monde par ses propres moyens (en brisant les chaînes du néocolonialisme et en détruisant l'échange inégal); la nouvelle gauche refuse le développement par les méca-nismes du marché et lui oppose des solutions comme le commerce équitable, l'aide internationale et la radiation de la dette (voir les grands-messes de Porto Alegre, Caracas et Nairobi), dont les quarante dernières années ont montré qu'elles ne sont ni réalistes ni efficaces. Toujours la même fixation sur les solutions par le haut (les gouverne-ments et les ONG) et le rejet du travail, du commerce et du profit, qui réussissent pourtant si bien aux Coréens du Sud et aux Chinois, entre autres. On ne sera pas étonné que cette nouvelle gauche remette en question « notre mode de vie basé sur la surconsommation », concept qui est devenu la tarte à la crème de la pensée gauchisante : concrète-ment, cela signifie-t-il qu'elle propose une conversion globale à la simplicité volontaire[23]? Sans compter qu'elle reconnaît « l'existence des droits ancestraux et territoriaux des nations autochtones », affir-mation qui ne veut rien dire tant qu'on n'a pas négocié ces droits et leur étendue avec les Premières Nations, et veut renforcer la lutte au racisme et à la discrimination : mais l'un des principaux objectifs de notre système scolaire n'est-il pas déjà l'éducation à la citoyenneté, qui comprend la critique du racisme et de la discrimination? Comment alors renforcer cette lutte sinon par la contrainte morale ou même physique, ou encore par la propagande? En somme, « la jus-tice sociale » serait au cœur du projet de la nouvelle gauche, justice qu'on atteindrait en haussant les prestations d'aide sociale et le salaire minimum ainsi qu'en éliminant l'endettement étudiant, ces réformes passant « par des hausses d'impôts ciblées vers les contribuables à haut

---

23. Sur la vie simple, voir Joseph Heath et Andrew Potter, *Révolte consommée. Le mythe de la contre-culture*, Outremont, Éditions du Trécarré, 2005 (2004), p. 190-193.

revenu et les grandes entreprises » : ramons à contre-courant en ce qui a trait à la fiscalité des entreprises (voir comment l'Irlande s'est sortie du non-développement), saignons à blanc les contribuables disposant des plus hauts revenus, eux qui sont les plus susceptibles de « voter avec leurs pieds » et de quitter un Québec aux taxes prohibitives, et étranglons gaiement la poule aux œufs d'or. Cet « autre monde possible » en sera un de misère généralisée, mais les partisans de la nouvelle gauche auront réalisé leur vœu le plus cher : réduire l'écart entre les riches et les pauvres, qui les emmerde encore plus que la pauvreté elle-même. Mais en quoi cette gauche est-elle nouvelle si son programme est basé sur le vieux slogan des marxistes-léninistes des années 1960-1970 : « faisons payer les riches! »?

Pourtant, malgré son hégémonie dans le discours public et médiatique au Québec, la gauche continue à s'estimer persécutée et à se comporter comme ses précurseurs du XIXe siècle, qui risquaient la prison et même la mort. Il faut lire ou entendre les jérémiades de cette nouvelle gauche pour le croire. Dans une brochure jovialiste adressée aux étudiants des cégeps et intitulée *Demain vous appartient. Parlons politique!*, quelques apparatchiks syndicaux de la Fédération autonome du collégial (FAC), de la Fédération des enseignantes et enseignants des cégeps (FEC-CSQ) et de la Fédération nationale des enseignantes et enseignants du Québec (FNEEQ-CSN) soutiennent que le discours néolibéral est omniprésent au Québec, ce qui commanderait qu'ils examinent, pour le bénéfice des élèves, « des choix idéologiques présentés comme autant de vérités inéluctables[24] ». De même, le secrétaire du Forum social québécois, responsable de l'organisation d'une grand-messe « altermondialiste et progressiste » à Montréal en août 2007, souhaite « lutter contre une pensée unique néolibérale et néoconservatrice qui ne cesse de se répandre en

---

24. *Demain vous appartient. Parlons politique!*, Montréal, FAC-FEC-FNEEQ, 2006, p. 4. Voir aussi la critique que j'ai faite de cette brochure : Marc Simard, « Un devoir bâclé », *La Presse*, 8 novembre 2006.

Amérique du Nord, au Canada et au Québec[25] ». On se demande vraiment sur quelle planète vivent ce jeune homme et les auteurs de la susdite brochure (ainsi que tous ceux qui voient le néolibéralisme partout). Chose sûre, ils ne lisent pas les mêmes journaux ni ne regardent les mêmes émissions d'information que les autres Québécois, qui constatent que le discours de gauche y est fort présent pour ne pas dire dominant, particulièrement à la radio et à la télévision d'État et dans une bonne part des quotidiens.

Dans le Québec post-Révolution tranquille, bien peu de gens osent se dire de droite : c'est, reconnaît-on, une « étiquette qui tue[26] », une sorte de maladie honteuse. Il faut dire que la droite est associée au conservatisme économique, social et religieux, qu'elle exhale la « grande noirceur » de l'époque Duplessis (1936-1939; 1944-1959) et plus encore la domination obscurantiste de l'Église catholique et de l'idéologie clérico-nationaliste entre 1840 et 1960. La droite, c'est donc un peu beaucoup ce passé glauque avec lequel les Québécois estiment avoir définitivement rompu : les orphelins de Duplessis, la grève de l'amiante et celle de Radio-Canada, la toute-puissance de la Police Provinciale dirigée par Hilaire Beauregard, la méprisable Loi du cadenas (qui soit dit en passant a été combattue en cour pendant une douzaine d'années par un juriste canadien-anglais de Montréal et pas par les disciples francophones et catholiques de Thémis), la vente de nos richesses naturelles aux grandes entreprises américaines à des tarifs ridicules, la pensée unique et moralisatrice. C'est aussi et même davantage, aujourd'hui, le néolibéralisme, le manque de compassion, l'obsession des lois du marché, l'à-plat-ventrisme devant les positions du patronat, l'anti-syndicalisme, l'acceptation de l'impérialisme américain, le refus du mariage gai, le militarisme (quand on ne va pas jusqu'à l'associer au fascisme).

---

25. Alexandre Shields, « Le Québec accueillera son premier forum social en août prochain », *Le Devoir*, 19 février 2007.
26. Antoine Robitaille, « Une étiquette qui tue? », *Le Devoir*, 8-9 avril 2005, p. A-1 et A-8.

Affligée de toutes ces tares, peu organisée et mal définie, on comprendra qu'il est facile de la dénigrer. Une des activités préférées des penseurs et des militants de gauche est d'ailleurs de descendre en flammes tout texte ou toute idée qui ne s'aligne pas sur leurs positions en l'étiquetant « de droite » ou « néolibéral ». C'est une attaque aussi imparable que la botte de Nevers : elle avilit aussitôt l'individu visé et voue ses propositions aux poubelles de l'histoire pour ne pas dire aux gémonies. Une autre tactique fort usitée est celle de la culpabilité par association. Pour avoir écrit « L'heure de gloire des éteignoirs », j'ai été associé aux « affaireux de Cinar, de Norbourg et d'Enron » (avec lesquels je n'ai jamais eu de relations), aux « développeurs sauvages qui ont saccagé nos forêts, acidifié tous nos lacs, pollué nos rivières et rendu l'air à peine respirable » (dont je ne détiens pas d'actions à ma connaissance, sans compter que je ne possède ni véhicule récréatif ni motomarine), aux « pillards de fonds publics » (alors que je vis de mon salaire largement imposé d'enseignant), à « l'exclusion » (???), à la « privatisation croissante de tous les services publics » (alors que j'enseigne dans un cégep public), à la « paupérisation » (!!!), à l'« exploitation des pays pauvres » (alors que je ne bois pas de café ni ne mange de bananes et que je ne pratique pas le tourisme sexuel), aux « dangers du nucléaire » (alors que je n'étais pas né au moment du projet Manhattan et que ma famille et moi avons été « tchernobylisés ») et même au « complexe militaro-industriel » (alors que j'ai déjà manifesté contre la guerre au Vietnam, en Bosnie et en Algérie pour ne nommer que ces tueries)[27]. Tout auteur ayant pondu un texte défendant des positions ne cadrant pas avec l'évangile gauchiste ou, pire, ayant osé critiquer les idées ou les porte-parole de la gauche, aura été victime de ce procédé facile et nauséabond. Sans compter les insultes et les injures polluant sa boîte de courriels et son répondeur. Il pourra même être qualifié d'« infréquentable » par les ayatollahs de la rectitude bien pensante.

---

27. Par charité chrétienne, j'ai décidé de ne pas citer les auteurs de ces procédés douteux.

Néanmoins, malgré cet unanimisme sociétal que le sociologue Christian Dufour de l'ENAP appelle la « Grande Clarté », une pensée de droite, dont le spectre s'étend du libéralisme au libertarianisme, en passant par le conservatisme fiscal, commence à s'affirmer au Québec en ce début de millénaire[28]. Ce qui est excellent pour la qualité du débat public et pour la santé de la démocratie.

---

28. Isabelle Grégoire, « Y a-t-il une droite au Québec », *L'actualité*, 1er avril 2005, p. 20-29; Isabelle Grégoire, « La droite prend l'affiche », *L'actualité*, 1er décembre 2006, p. 20; Mathieu Bock-Côté, «Pour le droit de respirer à droite», *La Presse*, 8 octobre 1998.

CHAPITRE 4

L'affaire Rabaska :
« pas dans ma cour,
c'est trop dangereux »

« Réunissant Gaz Métro, Enbridge inc. et Gaz de France, trois leaders dans le domaine du transport et de la distribution de gaz naturel, le projet Rabaska consiste à construire au coût de 840 M$ un terminal méthanier dans l'est de Lévis. Ce terminal sera constitué d'une jetée avancée en eau profonde dans le fleuve Saint-Laurent permettant de recevoir les navires méthaniers et leur chargement de GNL (acronyme de gaz naturel liquéfié), ainsi que des conduites cryogéniques souterraines reliant la jetée à deux réservoirs, où sera entreposé de façon temporaire le GNL en attendant d'être regazéifié pour être injecté dans le réseau de transport de gaz naturel du Québec et de l'Ontario.

Outre cette jetée et ces deux réservoirs, le projet comprendra également des équipements de regazéification destinés à réchauffer le GNL pour le ramener à son état gazeux, des bâtiments abritant les services administratifs, une salle de contrôle, des magasins et des ateliers de maintenance et enfin un gazoduc d'une quarantaine de kilomètres relié au système de transport interprovincial.

Après avoir obtenu toutes les autorisations nécessaires des divers organismes et ministères fédéraux et provinciaux concernés, Rabaska pourra s'implanter dans l'est de Lévis et devenir une source alternative d'approvisionnement en gaz naturel pour le Québec et l'est de l'Ontario. Une fois en activité, Rabaska sera l'une des plus importantes valeurs industrielles taxables au Québec. C'est un investissement majeur qui, en plus d'être stratégique d'un point de vue énergétique, aura un impact économique considérable à court et à long terme pour Lévis, la région Chaudière-Appalaches, la région de Québec et le Québec tout entier[1] ».

Ainsi le site officiel du consortium Rabaska présente-t-il ce projet qui fait beaucoup parler depuis qu'il a été rendu public en juin 2004 et surtout depuis le 8 juillet suivant, date à laquelle les trois partenaires impliqués dans le projet invitaient les populations concernées de la grande région de Québec et plus particulièrement de quelques municipalités directement concernées, Beaumont, Lévis et l'île d'Orléans (Sainte-Pétronille et Saint-Laurent), à des séances d'information.

Dès sa présentation, le projet est rejeté par divers organismes et citoyens, qui formeront bientôt une coalition, nommée Rabat-Joie, dont l'objectif est de faire échouer le projet. Ainsi, dès le 12 juillet 2004, le GIRAM (Groupe d'initiatives et de recherches appliquées au milieu), organisme à but non lucratif fondé en 1983 par un groupe de professeurs du Cégep de Lévis-Lauzon, présente-t-il au conseil municipal de Lévis la proposition qui suit.

---

1. www.rabaska.net

PROPOSITION DE RÉSOLUTION CONCERNANT LE PROJET DE GAZ MÉTRO PRÉSENTÉE À LA VILLE DE LÉVIS, À LA SÉANCE DU 12 JUILLET 2004

Le conseil municipal de la ville de Lévis a pris connaissance de votre projet de terminal méthanier dans le secteur Lévis-Beaumont et du document du 21 juin 2004 dans lequel vous identifiez une zone de trois kilomètres pour la construction éventuelle d'une jetée et trois sites sur quatre sur le territoire lévisien devant servir à la construction des deux réservoirs prévus.

- Considérant la faible capacité d'insertion de ces installations et les possibilités d'expansion dans le futur de ce complexe lourd et à risques technologiques importants;

- Considérant l'environnement rural champêtre de ce secteur, son intérêt paysager (fleuve, île d'Orléans, plateau laurentien) et touristique (prolongement du parcours des Anses, caractère historique, camping, etc.);

- Considérant que ce projet affectera lourdement, sur le plan esthétique, les entrées terrestres et fluviales, à forte incidence touristique, du secteur Ville-Guay-Beaumont;

- Considérant la volonté de la Ville de constituer dans l'avenir un important parc régional dans le secteur de La Martinière, à une faible distance des sites que vous convoitez;

- Considérant qu'un projet de cette nature exige une zone d'exclusion des résidants d'au moins 5,5 km sur l'eau et 3,9 km en milieu terrestre, selon les normes américaines établies récemment par la Federal Energy Regulatory Commission et, qu'à Fos sur Mer (France), sept kilomètres séparent la zone méthanière des résidences les plus près. L'application d'un tel espace tampon entraînerait la désertification humaine du secteur, la relocalisation de centaines de familles dont la relocalisation d'au moins trois écoles, sans totalement mettre à l'abri des risques inhérents à cette installation, les populations localisées en périphérie de cette zone d'exclusion;

- Considérant qu'à moyen et long terme ce genre d'installations pourra avoir des effets répulsifs sur plusieurs secteurs d'emplois plus conformes au profil lévisien (PME, services et affaires, selon l'étude effectuée pour la ville de Lévis-Lauzon: « Analyse des potentiels industriels du secteur Ville-Guay, Daniel Arbour et Associés, 1990);

- Considérant que cette implantation représente des risques technologiques majeurs pour les populations avoisinantes et même éloignées, advenant une fuite ou un acte de sabotage qui provoquerait la formation d'un nuage gazier, potentiellement inflammable, lequel pourrait se balloter à la faveur des vents en présence, soit dans la zone urbaine de Lévis, soit à l'île d'Orléans ou vers le village de Beaumont;

- Enfin, considérant la faible acceptabilité sociale et la faible capacité d'insertion de ce genre de projet sur un territoire municipal habité (voir article annexé du Boston Globe du 5-07-04, révélant que 8 sites ont été rejetés depuis 2 ans par les communautés locales).

Conséquemment, pour toutes les raisons ci-haut évoquées, la Ville de Lévis refuse d'accueillir les installations que vous projetez d'établir dans la partie est de son territoire »[2].

---

2. http://www.clevislauzon.qc.ca/giram/Resolution_Levis_Rabaska.htm

On ne peut qu'être surpris devant la célérité des membres du GIRAM, qui n'ont mis que quelques jours pour analyser de fond en combles (du moins l'espère-t-on) une proposition aussi complexe. La lecture de leur proposition de résolution fait nettement ressortir les motifs de rejet du projet dès l'origine du mouvement de contestation : le caractère champêtre, paysager et touristique du secteur, les conséquences esthétiques du projet, le déplacement de résidants dû aux zones d'exclusion, les risques provoqués par un accident ou même un acte de sabotage, et finalement la « faible acceptabilité sociale » et la « faible capacité d'insertion » du projet dans un territoire habité. Tous des arguments du type « pas-dans-ma-cour ». On remarquera aussi, nonobstant la valeur des arguments avancés, le vocabulaire catastrophiste : « risques technologiques importants », « désertification humaine du secteur », « relocalisation de centaines de familles », « effets répulsifs sur plusieurs secteurs d'emploi », « une fuite ou un acte de sabotage qui provoquerait la formation d'un nuage gazier, potentiellement inflammable, lequel pourrait se balloter (sic) à la faveur des vents ». On notera en outre que la proposition du GIRAM ne contient aucune mention du potentiel économique du projet ni de l'effet possible de l'importation de gaz naturel sur la problématique des gaz à effets de serre (GES).

Dans les semaines qui suivent, une « coalition citoyenne » nommée Rabat-Joie se met en place. Elle obtient l'appui des associations, coalitions, partis et artistes suivants : le GIRAM, l'Association des gens de l'île d'Orléans contre le port méthanier (ACPM), les AmiEs de la Terre, l'Association pour la protection de l'environnement de Lévis (APPEL), l'Association québécoise de lutte contre la pollution atmosphérique (AQLPA), la Coalition Québec Vert Kyoto, le Parti vert du Québec, le Parti vert du Canada, le groupe musical Polémil Bazar et le soi-disant groupe humoristique les Zapartistes.

Parmi les associations de résidants concernés par l'implantation du terminal se trouve l'ACPM, créée par des résidants de Sainte-Pétronille et de Saint-Laurent, deux municipalités du flanc sud de l'île d'Orléans, désireux de défendre leur point de vue sur la rive sud du fleuve (pourtant déjà bien enlaidi par le chantier maritime Davie et les pylônes de transmission d'Hydro-Québec passant par Beaumont) et de protéger ainsi la valeur de leurs résidences (première ou secondaire). Cette association a d'ailleurs fait signer une pétition contre le projet dans ces municipalités, recueillant 70 % de l'appui populaire à Sainte-Pétronille selon l'APPEL. On peut néanmoins s'interroger sur la valeur réelle de ces signatures quand on sait qu'elles ont été obtenues par les techniques du porte-à-porte et du voisinage, les citoyens se voyant demander par des militants anti-Rabaska enfiévrés s'ils étaient pour ou contre ce projet qui allait dénaturer leur paradis. Ce qui est surprenant, dans ce contexte, c'est que les opposants n'aient pas obtenu plus de 70 % d'appuis. On comprendra aisément qu'il n'est pas donné à tous de refuser de signer une pétition présentée dans ces conditions et encore moins d'entreprendre un débat d'idées avec les porteurs dudit document. Qui n'a jamais vu ses collègues ou amis signer à la chaîne, souvent sans même les lire, des pétitions comprenant des erreurs de faits, des jugements de valeurs ou des propositions abracadabrantes pour « acheter la paix » et faire bonne figure? On touche là, me semble-t-il, une des limites de la « démocratie participative et citoyenne ».

On trouve aussi, au sein des groupes d'opposants, l'APPEL, fondée spécifiquement pour lutter contre le projet Rabaska par un médecin et résidant de Lévis, le docteur Jacques Levasseur, qui en est l'âme dirigeante. Cette association a produit en juin 2006 un *Manifeste contre le contesté projet Rabaska* dont le contenu ne laisse pas de surprendre. D'abord par la graphie « Raba$ka » utilisée dans le site de l'Association, laquelle laisse entendre que les promoteurs du projet ne sont que des capitalistes sauvages assoiffés de profits. Le document va même jusqu'à affirmer que ceux-ci, qui sont « le carburant de l'entreprise gazière », se compteront « en milliards de dollars »[3]. On se demande bien en quoi la volonté d'une entreprise de réaliser des profits est mauvaise en soi dans une société de libre entreprise et, surtout, en quoi elle disqualifie le projet. C'est ce qu'on appelle surfer sur la vague de l'anticapitalisme vulgaire (à fond médiéval) qui sévit au Québec. L'auteur du manifeste reprend même le cliché éculé selon lequel les dirigeants de ces « grandes corporations », de surcroît des « multinationales majoritairement étrangères au Québec », indifférentes aux agressions subies par la planète, auraient comme leitmotiv « l'économie à tout prix, et ce au mépris des personnes et de l'environnement »[4]. Cette opposition factice entre l'économie et les personnes (M. Levasseur pourrait peut-être répondre aux deux questions suivantes : mais de quoi vivent donc les habitants de la région? et qu'est-ce que l'économie?) est un refrain usé que les personnalistes de l'entre-deux-guerres ont déjà chanté jusqu'à la nausée[5], tandis que celle entre l'économie et l'environnement ne tient pas la route devant le nombre de projets (parfois même présentés par de « grandes corporations ») qui manifestent le souci d'un développement durable. Le manifeste se distingue aussi par son antiaméricanisme primaire, le procès de nos voisins du sud y étant sans appel : on y mentionne « l'appétit américain pour un développement industriel toujours plus considérable » (l'auteur n'est manifestement pas au courant du phénomène de délocalisation des industries nord-américaines vers la Chine et vers l'Inde); on y dénonce leur inconscience « leur consommation effarante d'énergie fossile » (comme si nous, les Canadiens, avions des leçons à leur faire là-dessus, alors que nous rejetons 23 tonnes de GES[6] par individu par année contre 24 pour les États-Uniens[7]); et on y affirme refuser d'être leurs « porteurs de gaz » (ne sommes-nous pas déjà leurs porteurs d'électricité et de bois?). Mais on sait que l'antiaméricanisme à saveur économique, écologique et

---

3. *Manifeste contre le contesté projet Rabaska*, www.appellevis.org
4. *Ibid.*
5. Voir Candide Moix, *Le personnalisme d'Emmanuel Mounier*, Paris, Seuil, 1960, 348 p. et Pierre de Senarclens, *Le mouvement Esprit, 1932-1941. Essai critique*, Lausanne, L'Âge d'Homme, 1974, 370 p.
6. Gaz à effet de serre.
7. « G8. Le sommet du climat », *La Presse*, 6 juin 2007, p. A-2.

culturelle, celui de la go-gauche caviar dont les membres, c'est patent, se croient moralement supérieurs à nos voisins du sud, a bonne presse au Québec[8] : alors pourquoi hésiterait-il à faire mousser un peu sa cause en glissant dans le texte trois ou quatre phrases démagogiques comme celles-là? La xénophobie et la haine des riches et des puissants, sentiments plus que millénaires, ne demeurent-elles pas, même au début du XXIe siècle, d'efficaces instruments de conviction et de mobilisation?

Le manifeste comporte aussi un déplorable procès d'intentions des dirigeants du Québec, qu'on présente comme des maquignons complices des grandes sociétés qui engrangeraient les profits sous leur « œil bienveillant et trop souvent complice ». Il se permet même de les tancer, leur rappelant que l'évaluation des besoins énergétiques du Québec « devra se faire à l'abri de toute contamination corporative » et dénonce le fait que le chef de cabinet du premier ministre Charest est un ancien de Gaz Métro (s'il était un ancien de Greenpeace, l'accuserait-on d'être trop favorable aux éoliennes?). Pour les auteurs du manifeste, la présomption de bonne foi n'existe pas et la théorie du complot (celui des grandes sociétés et des gouvernements qui se liguent pour aider les premières à extorquer le bon peuple et à saccager la planète pour célébrer le culte du dieu PROFIT) tient lieu d'analyse politique. Ce populisme de gauche, populaire auprès des esprits bornés, est, hélas, un des fossoyeurs de la démocratie, ici comme ailleurs.

Parmi les signataires de ce brûlot (pour rester poli), on trouve plusieurs habitués de la pétition et de la dénonciation. Des chanteurs et musiciens : Raymond Lévesque, Richard Desjardins, Michel Rivard, Chloé Ste-Marie, Florent Vollant, Rick Hayworth, Yves Lambert,

---

8. Voir Jean-François Revel, *L'obsession antiaméricaine. Son fonctionnement, ses causes, ses inconséquences*, Paris, Plon, 2002, 300 p.

Nelson Minville, Mario Légaré, Hugo Fleury, Yann Perreau, les Cowboys fringuants; des comédiens : Paul Hébert, Jean-Nicolas Verreault, Sophie Cadieux, Marc Labrèche, Jean L'Italien, Sébastien Dhavernas; quelques écrivains et communicateurs : Jacques Languirand, Pierre Morency, Hélène Pedneault, Pierre de Bellefeuille, Madeleine Poulin, Michel Lessard; ainsi que des professionnels de la politique ou des groupes de pression[9]. Outre le fait qu'on est en droit de se demander ce qu'ils connaissent du dossier, on pourrait aussi les interroger pour savoir jusqu'à quel point ils approuvent les affirmations discutables que j'ai relevées ci-dessus. En plus des associations de résidants et des artistes, on remarquera la coloration verte des partis, associations et coalitions qui apportent leur soutien à Rabat-Joie.

Pour l'essentiel, outre le charabia anticapitaliste du manifeste de l'APPEL, les arguments des opposants au projet Rabaska sont de quatre ordres : la peur, le saccage écologique, les impacts sur le paysage et la santé publique. Ils sont essentiellement colportés par deux types d'éteignoirs : les écologistes et les « pas-dans-ma-cour ».

Les arguments liés à la peur sont les plus développés et les plus relayés par les médias : peur physique (accident ou sabotage), peur hystérique (terrorisme), peur économique (nuisance à l'industrie des croisières et nuisance dans la voie maritime). Soulevant « les dangers liés aux terminaux méthaniers, au transport et à la manutention du gaz naturel », le manifeste de l'APPEL requérait le respect du « principe de précaution », c'est-à-dire l'abandon pur et simple du projet, la parole des grandes sociétés étant à son avis trop souvent « douteuse »[10]. En mars 2006, un résidant de Lévis se décrivant aussi comme un plaisancier qualifiait le projet Rabaska de « bombe à retardement »[11], en soulevant deux arguments. Arguant des dangers de

---

9. *Manifeste contre le contesté projet Rabaska*, www.appellevis.org
10. *Ibid.*
11. Jacques Jobin, « Rabaska, une autre bombe à retardement? », *Le Soleil*, 27 mars 2006, p. A-17.

la navigation sur le fleuve par mauvais temps, il soulignait d'abord le risque qu'un méthanier soit « poussé par le vent, la glace ou le courant » sur les nombreux rochers qui parsèment la côte, lesquels auraient tôt fait de « transpercer les deux épaisseurs de la coque », les vents de tempête se chargeant ensuite d'amener le nuage de méthane ainsi produit « directement au-dessus de la ville de Lévis et possiblement de Québec », avec les risques d'explosion inhérents. Soulevant aussi le potentiel d'attentat terroriste, il imaginait le scénario d'un « bateau rapide bourré d'explosifs... lancé sur un méthanier amarré » ou même celui du détournement d'un traversier Québec-Lévis « pour éperonner un méthanier stationné à la jetée ». Sans compter la possibilité, évoquée par un certain nombre de militants de Rabat-Joie, qu'un méthanier soit piraté par un commando terroriste qui pourrait le faire exploser sous les ponts de Québec, provoquant ainsi une catastrophe économique aux conséquences incalculables. Évitant de souligner le caractère hollywoodien ou même « jamesbondesque » de ces éventualités, le chroniqueur François Bourque du Soleil répond ainsi à ces angoisses :

> « La peur. La peur d'une fuite, d'une explosion, du feu. Peur du naufrage d'un tanker dans un chenal trop étroit; peur que la coque éclate, que le gaz se répande. Peur du terrorisme, du vandalisme, de l'accident. Peur du vent, des glaces, du courant, de la brume. Peur du fleuve. Peur que les éléments se liguent pour provoquer la catastrophe. Pour les croisés de Rabaska, le risque d'un terminal méthanier sera toujours trop élevé. Peu leur importe que la technologie ait fait ses preuves ailleurs et qu'il n'y ait pas eu d'accident dans les équipements similaires. Leur scénario sera toujours celui du pire. Aussi improbable soit-il. Pas un projet public ou privé ne résisterait à pareille analyse; pas une route, pas un immeuble, pas un viaduc, pas une usine. »[12]

---

12. François Bourque, « Les croisés de Rabaska », *Le Soleil*, 1er février 2007, Actualités, p. 5.

Le fait que le terminal méthanier Distrigaz, installé à Everett, dans la région de Boston, n'ait connu que trois fuites mineures (qui n'ont pas eu de conséquences sur l'environnement, n'ont pas interrompu la production et n'ont pas causé d'incendie) en 35 ans d'opération ne semble pas émouvoir les tenants du scénario catastrophe[13]. Comme me le disait un ami qui me faisait visiter le massif du Vercors il y a quelques années, les gens qui y construisirent jadis des routes, des ponts et des bâtiments « ne doutaient de rien », tant les risques et les difficultés étaient immenses : à cette aune, les partisans de Rabat-Joie ont le doute chevillé au corps. Critiquant en août 2006 la campagne de peur menée par le GIRAM, Régis Cauchon, vice-président du Groupe Océan, dénonçait dans des mots très durs ce qu'il appelle son « imposture » et sa « fumisterie », tout en ironisant sur la possession par son président de la science infuse :

> « Adeptes de l'homochromie, de la fumisterie et de l'imposture, les porte-parole du GIRAM traitent avec autant d'assurance contrefaite et de conviction frelatée de physique, de chimie, de probabilités, de fiscalité, de statistiques, de mathématique quantique, d'économie, de bathymétrie, de pilotage et, aussi, de l'effet combiné des glaces, de la réversibilité des marées, des vents et du courant sur les problématiques d'accostage et d'appareillage des méthaniers. [...]. L'omniscience et l'érudition étonnante du président du GIRAM, M. Gaston Cadrin, nous portent toutefois à croire qu'il puisse fréquemment confondre le badin et le grave, l'imaginaire et le concret[14] ».

Mais la campagne de peur ne s'arrête pas à la possibilité d'un accident ou d'un acte terroriste : certains évoquent aussi « l'incompatibilité des trafics maritimes (paquebots et méthaniers) sur les mêmes

---

13. Pierre Pelchat, « Étude du projet Rabaska par le BAPE. Trois fuites mineures en 35 ans à Boston », *Le Soleil*, 9 février 2007, Actualités, p. 7.
14. Régis Cauchon, « Pour éviter la confusion sur Rabaska », *Le Soleil*, 30 août 2006, p. 20.

corridors de navigation », ce qui nuirait gravement à l'industrie de la croisière, florissante à Québec depuis quelques années. En novembre 2006, Denis Latrémouille, ex-directeur régional de la sécurité maritime à Transports Canada, se demandait ainsi si les navires de croisière fuiraient Québec à la suite de la construction d'un port méthanier à Lévis :

> « L'industrie maritime sait pertinemment qu'il n'y a qu'une voie navigable pour se rendre à Québec et que tous les navires doivent obligatoirement emprunter le chenal de la Traverse Nord, qui longe l'île d'Orléans de la pointe Saint-Jean jusqu'au cap Gribane, sur une longueur de 32 kilomètres. La largeur du chenal à cette hauteur n'est que de 305 mètres et sa profondeur est limitée à 12,5 mètres à marée basse.
>
> L'industrie maritime est très sensible aux délais de leurs navires. Si on tient compte du fait que le méthanier transporte avec lui sa zone de danger en raison de la grande cargaison dangereuse qu'il transporte, il est évident que celui-ci ne transitera pas dans la Traverse Nord en même temps que les paquebots, les pétroliers et les vraquiers de fort tirant d'eau.
>
> Donc, quel sera l'impact réel sur les navires de croisière à la venue d'un port méthanier? Fuiront-ils le Québec advenant un incident ou un accident maritime impliquant un méthanier? Je crois que ce sont des questions drôlement cruciales pour toute l'industrie touristique. Ne serait-il pas moins catastrophique, du point de vue économique pour la région, de répondre à ses questions avant l'implantation du terminal méthanier plutôt que de voir fuir l'industrie des croisières après son implantation?[15] »

---

15. Denis Latrémouille, « Les navires de croisière fuiront-ils Québec à la venue d'un port méthanier? », *Le Devoir*, 18 novembre 2006, p. B-4.

Difficile pour un profane de comprendre cette problématique assez pointue, n'est-ce pas? En d'autres termes, les opposants à Rabaska laissent entendre que les retombées économiques promises par les promoteurs du projet[16] pourraient bien être illusoires, la région risquant d'y perdre l'industrie de la croisière, virtuellement libre de tout danger, en échange d'une menace pour la santé et la sécurité collectives. Menace réelle ou campagne de peur? Le projet ne prévoit-il pas le passage dans le chenal du fleuve et l'accostage au terminal d'un seul méthanier par semaine? Sans compter que les paquebots de croisière rencontrent vraisemblablement des risques dans tous les lieux qu'ils fréquentent! Bien malin celui qui peut trancher avec certitude.

Mais la dénonciation d'un projet ne saurait exister, aujourd'hui, sans les arguments écologiques, désormais incontournables. Les opposants à Rabaska soulignent bien sûr que celui-ci contribuera à une augmentation de l'émission de gaz à effets de serre au Québec, mettant ainsi en péril « nos efforts dans la lutte aux changements climatiques », selon le candidat du Parti vert dans la circonscription de Lévis-Bellechasse, Mathieu Castonguay[17]. L'ex-chef du parti Jim Harris ajoutait à la même occasion qu'il faut rejeter Rabaska parce que celui-ci « va à l'encontre du protocole de Kyoto[18] » (on notera ici la référence au vocable nippon magique, argument d'autorité censé mettre un terme à toute discussion). Dans un communiqué émis en octobre 2006, l'Association québécoise de lutte contre la pollution atmosphérique (AQLPA) et les AmiEs de la Terre de Québec souli-gnaient que le projet Rabaska émettrait 146 000 tonnes de gaz à effet de serre, soit l'équivalent de 37 000 automobiles, constituant de ce fait une « menace pour le climat ». Le problème est que les anti-Rabaska ne

---

16. Évaluées ainsi: 840 M$ d'investissements directs pour la construction, générant 2 440 emplois directs et 2 555 emplois indirects sur trois ans; des coûts d'exploitation annuels de 56,5 M$, créant 70 emplois permanents; et le versement de 8 M$ de taxes municipales et scolaires par année. Cf. www.rabaska.net
17. Karine Hansen, attachée de presse, Parti vert, 9 janvier 2006, media@partivert.ca
18. *Ibid.*

s'entendent pas sur la quantité de ces gaz qui seront rejetés dans l'atmosphère par le terminal : l'APPEL parle de 150 millions de tonnes par année alors que le candidat du Parti vert parle de 13 millions. L'autre os que rencontrent les opposants est que les promoteurs ont bien fait leurs devoirs avant de soumettre leur projet à la population et que, quoique reconnaissant que le terminal produira une augmentation des gaz à effets de serre AU QUÉBEC, il contribuera à une importante réduction globale de ceux-ci en Amérique du Nord :

> Les activités du terminal méthanier généreront annuellement l'équivalent d'environ 146 000 tonnes de gaz à effet de serre (GES), soit moins de 0,2 % des émissions du Québec, dont la majeure partie proviendra de la combustion de gaz naturel pour vaporiser le GNL. Toutefois, Rabaska estime que ces émissions seront largement compensées par une utilisation accrue du gaz naturel qui, en raison d'un prix plus stable et plus bas, déplacera d'autres hydrocarbures comme l'huile lourde et le charbon, dont la combustion produit plus de gaz à effet de serre et est plus polluante. Le gaz naturel est un combustible propre qui a de faibles émissions de GES et de contaminants atmosphériques par rapport aux autres combustibles fossiles.

> Le terminal méthanier Rabaska contribuera aux efforts consentis par les gouvernements du Québec, de l'Ontario et du Canada pour réduire les émissions de GES dans l'atmosphère et ainsi respecter les objectifs qu'ils se sont fixés dans le cadre du protocole de Kyoto, tel que le démontre le graphique ci-dessous.

BILAN DES EFFETS DU PROJET SUR LES ÉMISSIONS DE GES[19]

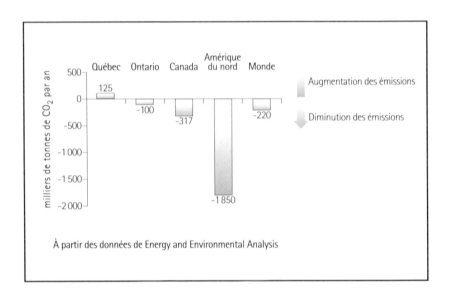

À l'heure où la fièvre du charbon, combustible hautement polluant et contribuant fortement à l'effet de serre, s'empare des États-Unis[20], l'argument des promoteurs n'apparaît pas totalement dénué de sens, me semble-t-il.

L'argument des gaz à effets de serre ayant fait long feu[21] (constatation qui tombe sous le sens), les opposants au projet se sont donc retournés vers d'autres impacts environnementaux, qu'ils ont soulevés pendant les audiences du BAPE en janvier-février 2007.

---

19. www.rabaska.net
20. Jonathan Trudel, « Et revoici le charbon », *L'actualité*, 15 juin 2007, pp. 30-37.
21. Pour une analyse critique de la position « localiste » des anti-Rabaska sur la problématique des gaz à effets de serre, voir Alain Dubuc, « Rabaska, le local et le global », *La Presse*, 10 juin 2007, p. A-15. Voir aussi Pierre Pelchat, « Le Québec n'a pas besoin de Rabaska, affirme André Caillé », *Le Soleil*, 7 juin 2007, p. 50.

Ainsi, la botaniste Gisèle Lamoureux (signataire du manifeste de l'APPEL) et l'aménagiste forestier Pierre Cadorette, membres du Comité pour la conservation des tourbières de Lévis, soulignaient dans leur mémoire que la mise en place du terminal méthanier et de son gazoduc « implique la destruction de la tourbière Pointe-Lévy et la perturbation d'autres écosystèmes semblables à Saint-Jean-Chrysostome, Breakeyville et Saint-Étienne », chiffrant la valeur des services rendus à la planète par la tourbière à 19 580 $US par hectare par année, soit 2,6 milliards de dollars[22]. Quelques semaines plus tôt, madame Lamoureux avait fait valoir que la construction de la jetée menaçait des plantes « extrêmement rares, uniques au monde », « soit la gentiane de Victorin et la cicutaire de Victorin, qui croissent sur le littoral du fleuve Saint-Laurent, de Grondines à Saint-Jean-Port-Joli, pour l'essentiel sur la mince ligne des marées d'équinoxe »[23]. Bon, tout le monde veut bien reconnaître que les tourbières rendent des services à l'environnement, mais leur estimation à 2,6 milliards de dollars (même en utilisant une grille d'évaluation élaborée par « 13 scientifiques, économistes et écologistes américains ») relève plus de la démagogie et de la propagande que du débat raisonné, et vise essentiellement à discréditer l'argument des retombées économiques avancé par le consortium Rabaska, dont le projet futile et matérialiste devrait s'effacer devant l'intégrité des écosystèmes, si utiles à la survie de la Terre. À cette aune, la présence du genre humain sur la planète devient elle-même une nuisance et aucune de ses entreprises n'est justifiable. Quant à la gentiane et à la cicutaire de Victorin (cette dernière est une plante fortement toxique, soit dit en passant[24]), doit-on rappeler à madame Lamoureux que Rabaska ne bétonnera pas le fleuve de Grondines à Saint-Jean-Port-Joli? À trop vouloir en faire, il arrive que l'on sombre dans le ridicule!

---

22. Marc Saint-Pierre, « La tourbière de Pointe-Lévy », *Le Soleil*, 30 janvier 2007, p. 6.
23. Marc Saint-Pierre, « Rabaska menace des plantes rares, déplore une botaniste », *Le Soleil*, 18 décembre 2006, p. 19 (Actualités).
24. Voir Frère Marie-Victorin, *Flore laurentienne*, Montréal, PUM. 1964, p. 514 et 412.

Sentant le tapis glisser sous leurs pieds après les audiences du BAPE en janvier-février 2007, au cours desquelles l'administration municipale de Lévis a fait savoir qu'elle était disposée, forte d'un vote de 15 contre 1 au conseil municipal, à accueillir le projet Rabaska sur son territoire[25], et à la suite de la publication de sondages indiquant qu'une forte majorité de la population de la région de Québec et de la ville de Lévis (sauf les résidants du secteur de la pointe de la Martinière, directement concernés) est favorable au projet, les opposants ont sorti de leur chapeau en mai-juin un nouvel argument : celui de la protection du territoire agricole. Dans une requête à la Commission de protection du territoire agricole (CPTAQ), un groupe de producteurs agricoles (dont fait partie le président de Gare au gazoduc), représentés par une avocate, lui ont demandé de se pencher sur les conséquences de la demande d'exclusion de 270 hectares de la zone verte de l'est lévisien faite par l'administration municipale pour permettre la construction du terminal[26]. Quelques jours plus tard, l'infatigable président du GIRAM écrivait à son tour à la commission (quelle coïncidence!) pour lui demander de faire non seulement l'examen du site lui-même, mais aussi de la route, de la ligne électrique et même du gazoduc de 42 km, « en raison de l'indispensable zone de sécurité ou zone tampon normalement exigée pour un terminal méthanier présentant des risques pour la sécurité des personnes et des utilisateurs éventuels de superficies avoisinantes et des effets déstructurants d'une implantation qui ne cadre pas avec le paysage existant »[27]. Outre le jargon digne du ministère de l'Éducation, on ne peut qu'admirer la pugnacité du GIRAM dans son baroud d'honneur! Mais aussi sa logique tordue : en effet, un des principaux arguments du GIRAM et de Rabat-Joie à l'encontre du projet Rabaska est que celui-ci met en péril la sécurité des personnes

---

25. Marc Saint-Pierre, « Feu vert de Lévis à Rabaska », *Le Soleil*, 23 janvier 2007, p. A15.
26. Marc Saint-Pierre, « Rabaska. Des agriculteurs veulent relancer le débat », *Le Soleil*, 30 mai 2007, p. A-17.
27. Marc Saint-Pierre, « Bien plus que 271 hectares. Le GIRAM croit que l'étendue géographique de Rabaska est sous-estimée », *Le Soleil*, 12 juin 2007, p. A-15.

parce qu'on veut le construire dans un environnement où vivent et travaillent des humains, ce qui serait inacceptable. Mais il dénonce du même souffle le dézonage agricole qui permet justement qu'on les éloigne du danger potentiel. Selon ce raisonnement, où donc un tel projet pourrait-il être réalisé?

Le dérapage sécuritaire a pris une telle ampleur que les responsables de deux bureaux régionaux de la Direction de la santé publique, ceux de Québec et de Chaudière-Appalaches, ont refusé d'émettre un avis favorable au projet lors des audiences du BAPE, sous prétexte de protection de la santé publique. Outre le fait que leur rapport se penche sur des aspects du dossier qui n'ont rien à voir avec la santé publique et sur lesquels ils ne disposent d'aucune expertise (prix du gaz naturel, opportunité d'importer du gaz au Québec, risques de bris des lignes d'électricité, etc.), ces directeurs s'attardent aussi aux effets psycho-sociaux du projet en vertu d'une logique circulaire dont Alain Dubuc démonte ici le mécanisme :

> « Le second glissement, c'est la préoccupation des médecins pour les effets psycho-sociaux, qui les amène à se pencher sur l'acceptabilité sociale du projet, un concept fourre-tout qui tend à dire que si un projet suscite des débats et des divisions, cela créera des tensions dans le milieu et que cela peut être mauvais pour la santé de la population. Une approche qui amène les spécialistes en santé publique à devenir un porte-voix aux groupes de pression censés représenter le milieu. Et surtout, c'est une approche qui mène à une logique circulaire. Si un projet est mauvais quand il suscite de l'opposition, comme on sait que les gens ont tendance à résister aux changements, cela signifie qu'au nom de la santé publique, on s'opposera à tout projet qui fait des vagues et devient une caution morale de l'immobilisme »[28].

---

28. Alain Dubuc, « Les fous de la santé », *La Presse*, 13 mai 2007, p. A-15.

En somme, comme il n'existe pas de projet qui ne crée pas de tensions, il faut cesser illico tout développement au nom de la sauvegarde de la santé publique. Ou encore réclamer, comme l'a fait l'Alliance pour une gestion des interfaces industrielles et résidentielles responsable (AGIIRR), un moratoire, mot clé du vocabulaire des opposants, nonobstant le fait que le projet est sur la place publique depuis plus de trois ans déjà.

Pour les opposants à Rabaska, les promoteurs doivent faire la preuve de la nécessité du projet. Mais, comme l'écrit Pierre Duhamel : « Comment trouver des accommodements avec pareil adversaire ? Quel pont, quelle route, quel barrage, quelle usine, quel ensemble résidentiel ou initiative commerciale s'avère *vraiment* nécessaire?[29] » Aux yeux des défenseurs des économies d'énergie et des éoliennes qui exigent le respect intégral des écosystèmes existants, de ceux qui voient un cataclysme se profiler derrière chaque projet, de ceux qui hurlent à la peste ou au choléra à chaque débat qui divise l'opinion publique, de ceux qui estiment qu'acceptabilité sociale rime avec unanimité, de ceux qui pensent que le développement économique est un ennemi de l'humanité, l'immobilisme, drapé des vertus de l'opposition citoyenne et de la lutte contre le système et les exploiteurs, est la seule option.

Les opposants à Rabaska exigent que les promoteurs fassent la preuve que leur projet est non seulement nécessaire, mais qu'il ne comportera aucun désagrément, même virtuel, ni pour les humains ni pour la nature. Leur mouvement essentiellement local, du type « pas-dans-ma-cour »[30], qui ne recèle aucune trace du « penser globalement » dont se targuent leurs alliés écologistes et altermondialistes, n'a

29. Pierre Duhamel, « L'ingénieur et l'écolo », *L'actualité*, 1er novembre 2006, p. 46.
30. Dans un aveu-cri-du-cœur, une résidante de Beaumont écrit « Alors, de grâce, laissez-nous contester en paix » : France Dupuis, « Rabaska : et si c'était dans votre cour? », *Le Soleil* (carrefour des lecteurs), 22 juillet 2007, p. 21.

toutefois pas réussi à faire la démonstration que ce projet de port méthanier est néfaste malgré une campagne largement démagogique, fondée sur plusieurs arguments dont la rationalité laisse à désirer.

En juillet 2007, le BAPE a conclu, dans son rapport, que les risques associés au projet sont « acceptables[31] », comme le pense sans doute une majorité de la population de la région de Québec[32]. Devant cette conclusion, les membres de la coalition Rabat-joie ont semblé pris de court, comme si celle-ci était invraisemblable et que seul leur point de vue alarmiste était logique et acceptable. En visible état de panique, ils ont accusé les membres de la commission, des incompétents à leurs dires (qui auraient été louangés pour leur sagesse et leur profonde connaissance du dossier si leur rapport avait conclu dans le sens de Rabat-Joie) d'avoir mal fait leurs devoirs et de ne pas avoir suffisamment pris en considération les dangers que feront encourir la navigation des méthaniers et l'opération de la centrale de regazéification à la population riveraine[33]. Du « nonisme » à l'état pur! Et, comme on le devine aisément, ils ont réclamé un « moratoire » sur tous les projets de gaz naturel au Québec en plus de lancer un appel solennel au gouvernement du Québec pour qu'il ne donne pas le feu vert au projet.

---

31. Jean-François Cliché, « Risques acceptables », *Le Soleil*, 6 juillet 2007, p. 5.
32. Un sondage réalisé les 11 et 12 juillet de Lévis, de Beaumont et de l'île d'Orléans révèle que 60 % des répondants sont d'accord avec la conclusion du BAPE sur les risques pour l'environnement (36 % en désaccord). On peut extrapoler sans risque d'erreur que le pourcentage de sondés en accord avec le BAPE serait encore plus élevé si c'est la population de la grande région de Québec au complet qui avait été sondée.
33. Comme l'écrivent les représentants d'organisations œuvrant dans le développement économique: « On ne peut pas être d'accord avec les rapports du BAPE juste quand cela fait notre affaire », *La Presse*, 14 juillet 2007, p.A-23.

CHAPITRE 5

Le POPIR contre les condos : utopie à la sauce dix-neuviémiste

En 2003, la compagnie Imperial Tobacco fermait son usine de fabrication de cigarettes située dans le quartier Saint-Henri à Montréal (délocalisée en Ontario puis au Mexique), entraînant ainsi la mise à pied de plus de 500 travailleurs. Deux ans plus tard, la compagnie vendait ses bâtiments industriels à Alliance Prével, un promoteur immobilier qui projetait d'y développer 481 unités de logement, dont un peu plus de 400 condominiums et environ 75 logements sociaux (ratio de 15 %). Or, pour des raisons à la fois historiques et idéologiques, un groupe populaire, le Projet d'organisation populaire d'information et de regroupement pour l'arrondissement du Sud-Ouest de Montréal (POPIR), s'opposait à ce projet et demandait plutôt à la ville de Montréal d'acquérir ces immeubles dans le but d'en faire une « réserve foncière » destinée au logement social.

Saint-Henri[1] est un ancien village du sud-ouest de l'île de Montréal qui a été annexé à la municipalité de Montréal en 1905. Avant 1850,

---

1. Les informations sur l'histoire de Saint-Henri sont largement tirées des deux ouvrages de l'historien Paul-André Linteau sur Montréal (Paul-André Linteau, *Histoire de Montréal depuis la Confédération,* Montréal, Boréal, 1992, 613 p. et Paul-André Linteau, *Brève histoire de Montréal,* Montréal, Boréal, 1992, 165 p), ainsi que du site de Parcs Canada sur le Canal Lachine (http://www.pc.gc.ca/lhn-nhs/qc/canallachine/index_f.asp).

on l'appelait le « village des tanneries », la proximité de l'eau ayant permis le développement de cette activité artisanale qui allait se déplacer vers l'ouest du Canada au cours du XIXe siècle.

Le creusement du Canal Lachine, mis en service en 1825, puis son élargissement, en 1848, vont modifier la physionomie de cette portion de l'île en y amenant, à partir des années 1850, le développement de manufactures mues par l'énergie hydraulique générée par le canal. L'actuel arrondissement du Sud-Ouest, dont fait partie Saint-Henri, comprend aussi Sainte-Cunégonde, Saint-Paul, Ville-Émard et Pointe-Saint-Charles. Ces anciens villages ont vu leur population exploser avec l'arrivée des ouvriers qui construisirent le pont Victoria (inauguré en 1860) et la transformation de ce secteur en centre industriel.

De 1848 à 1879, une trentaine d'entreprises (surtout dans les domaines de la meunerie et de la fonderie), dont plusieurs nouvelles, se développent sur les berges du canal : parmi les plus importantes, la Redpath Sugar Refinery, construite en 1854[2]. La deuxième étape du développement manufacturier de la zone, de 1879 à 1896, est principalement centrée sur l'industrie textile (fondation de la Merchants Manufacturing Co. en 1882). Et la troisième, de 1896 à 1939, voit l'implantation des industries de la chimie, de la pétrochimie, du fer, de l'acier, des outils et du tabac. C'est dans ce contexte qu'est construite en 1907 l'usine d'Imperial Tobacco dont il est question dans ce chapitre.

Bien que situé dans la moitié ouest de l'île, Saint-Henri, comme sa voisine Sainte-Cunégonde, est majoritairement peuplé de francophones dont la grande majorité sont ouvriers dans les manufactures

---

2. Le bâtiment actuel, transformé en lofts et en condos malgré une forte opposition, dont celle de la renommée architecte Phyllis Lambert, a été construit en 1908 après la démolition du premier édifice.

et les industries sises au bord du canal. Pour ces deux raisons, le quartier est devenu, dans les années 1960-1970, une sorte d'icône aux yeux de la gauche marxisante, à la fois syndicale et intellectuelle, qui magnifie les deux facettes de son exploitation par la grande bourgeoisie canadienne-anglaise ou américaine. Sa population représente en effet une sorte de condensé historique du Québec d'avant la Révolution tranquille : à la fois peuple opprimé, dont l'infériorité économique le force à travailler dans la langue des patrons, et population majoritairement prolétarienne, assujettie à la vente de son labeur contre un salaire de famine arraché à la bourgeoisie. Sa situation géographique elle-même est hautement symbolique : au bord du fleuve certes, voie de pénétration des Français en terre d'Amérique, mais au pied de la montagne où loge la caste des employeurs anglophones, qui la domine ainsi non seulement sur le plan économique, mais aussi physiquement.

Ce quartier, comme tous ses voisins de l'actuel arrondissement du Sud-Ouest, connaît une foule de problèmes sociaux liés à son histoire de secteur manufacturier peuplé d'ouvriers, de démunis et de locataires : pauvreté, prix et qualité des logements, dépendances diverses, carences alimentaires, monoparentalité, accessibilité et qualité des services sociaux, etc. C'est ce milieu que Gabrielle Roy a décrit dans *Bonheur d'occasion*. Avec la Révolution tranquille et l'abandon graduel par l'Église catholique des organismes de charité et d'encadrement social qu'elle avait créés depuis près d'un siècle, les travailleurs sociaux y affluent et des comités de citoyens sont créés pour soulager la misère, informer la population, mobiliser les résidants et mener des revendications auprès des pouvoirs publics.

En 1969, certains de ces comités, appuyés par le Conseil du développement social, obtiennent de l'archevêché de Montréal, qui la verse dans une perspective chrétienne de justice et de charité, une subvention de 100 000 $ pour rassembler les citoyens de ces quartiers au sein d'un même organisme d'information, d'éducation et de revendication. Ainsi naît le Projet d'organisation populaire d'information et de regroupement (pour l'arrondissement du Sud-Ouest) de Montréal (POPIR)[3].

Pendant ses premières années d'existence, le POPIR s'occupe de logement, de consommation, de santé et de travail (revendication d'un hôpital pour Saint-Henri, syndicalisation de travailleurs, création de la Maison du chômeur, mise sur pied d'une coopérative alimentaire). Au milieu des années 70, ses animateurs décident de donner priorité à trois thèmes: le logement (coopératives d'habitation, comité de locataires pour défendre les résidants « victimes de hausses de loyer abusives et de rénovations sauvages »), la condition des femmes (garderies, foyer d'hébergement, cours divers) et la consommation (coopératives, cuisines communautaires).

En 1988, le POPIR se radicalise et devient exclusivement un comité de logement voué à « la lutte pour le logement social et contre le marché privé ». Il adhère l'année suivante au Front d'action populaire en réaménagement urbain (FRAPRU), ONG financée par les fonds publics dont les objets sont de défendre les droits des locataires et de promouvoir la construction de logements sociaux. Cette adhésion démontre, selon les écrits de ses animateurs, leur volonté de s'associer « à un regroupement national pour mener des actions de pression et de mobilisation afin d'imposer le logement social comme une alternative au marché privé spéculatif ». Pendant les années suivantes, il s'oppose à l'érection d'une résidence pour étudiants, revendique la construction d'un HLM, réclame la mise en place de logements sociaux et cherche à obtenir la création d'une grande « réserve foncière » dans Saint-Henri pour pouvoir y construire des coopératives d'habitation.

---

3. Les informations sur l'histoire du POPIR sont tirées du site de cet organisme : http://www.cam.org/~popir/historique.htm.

Le site de l'organisme (désormais appelé POPIR-Comité logement) dévoile ses objectifs et les moyens qu'il met de l'avant :

> « Notre but est d'améliorer les conditions de vie et de logement des résidantEs du Sud-Ouest en cherchant principalement à...
>
> - Défendre le droit au maintien dans les lieux des locataires du marché privé;
> - Revendiquer du logement social pour les locataires de notre territoire;
> - Regrouper les résidantEs pour créer des réseaux d'entraide et de solidarité;
>
> Favoriser l'unification des luttes contre les causes de la pauvreté. Pour atteindre ses objectifs, le POPIR-Comité Logement a mis de l'avant les activités et les services suivants :
>
> - Offrir un service d'aide, d'information et de référence auprès des locataires du marché locatif privé;
> - Poursuivre les activités de pression et de sensibilisation pour la défense et la promotion du logement social;
> - Animer des rencontres collectives d'inscription pour obtenir un HLM ou une coopérative d'habitation;
> - Participer activement aux activités du FRAPRU;
> - Poursuivre la production du bulletin d'information Écho-logis;
> - Impliquer les membres dans la planification et l'organisation des activités par la participation au Comité de mobilisation et au comité Femmes du POPIR.[4] »

---

4. http://www.cooptel.qc.ca/~popir/

On vient de voir, dans cet historique, comment un organisme populaire issu de préoccupations de justice sociale et de charité chrétienne, fondé par des citoyens et des travailleurs sociaux et œuvrant dans divers domaines liés aux problèmes concrets des habitants de l'arrondissement du Sud-Ouest, est devenu, sous l'influence de militants de gauche, un véhicule de revendication auprès des pouvoirs publics (surtout la municipalité de Montréal et le gouvernement du Québec) et de lutte idéologique contre les forces du marché dans le domaine du logement. La lutte contre le « marché privé » locatif et la revendication de logements sociaux sont devenus ses leitmotiv. On se demande par ailleurs ce que signifie l'énigmatique « unification des luttes contre les causes de la pauvreté » qui fait partie de ses objectifs et on aimerait savoir quelles sont, selon ses militants, ces fameuses causes. On devine néanmoins que ceux-ci ne parlent pas ici de créer de la richesse et des emplois!

Depuis quelques années, le POPIR s'est lancé dans une lutte tous azimuts contre la construction de condos et de lofts dans l'arrondissement du Sud-Ouest en général et le long du Canal Lachine en particulier. En octobre 2002, il publiait un communiqué de presse dans lequel il dénonçait ainsi le projet du promoteur Quai des Éclusiers, qui prévoyait la démolition des bâtiments J.C. Hodgson et de la Stelco et la construction de « 450 lofts et condominiums de luxe avec marina privée »[5] :

> « L'arrivée d'une classe sociale plus aisée, qui déboursera entre 130 000 $ et 250 000 $ pour l'achat de ces lofts et condos, participe ainsi au processus de *gentrification*. [...]. D'un autre côté, la vie des locataires et des mal-logéEs en sera également affectée, bien que ceux-ci et celles-ci n'ont pas besoin de ce projet pour vivre les pires moments d'une crise du logement qui ne fait que

---

5. http://www.cam.org/~popir/une-10-02.htm

s'éterniser. Au POPIR, nous prévoyons une hausse de la valeur des immeubles locatifs, et conséquemment, une hausse des loyers pour les locataires et les mal-logéEs. Enfin, incapables de débourser un sou de plus pour se loger, ces ménages devront quitter le quartier. Et si la pénurie de logement perdure encore, ces anciens résidents de Saint-Henri, eux qui sont déjà à faibles et modestes revenus, se rajouteront à la longue liste des ménages sans logis. »

Au nom de l'opposition entre ce projet et ses revendications du maintien des populations locataires dans les lieux (il n'y a pourtant pas de locataires dans les bâtiments désaffectés de la Stelco et de J.C. Hodgson!) et d'un accès public aux berges du canal, le POPIR annonce dès ce moment une « lutte politique contre les condos ». À l'automne 2003, des inconnus apposent sur les poteaux, le long du canal, des autocollants au ton agressif qui avisent les éventuels acheteurs de condos qu'ils ne sont pas les bienvenus dans le quartier, tandis qu'un « comité anti-gentrification » fait des appels à la bombe et dépose des colis suspects à proximité des projets ou des chantiers de construction des condos.

C'est dans ce contexte, alors que la phase I de construction des Lofts Redpath est amorcée (la phase III sera complétée en 2006), que survient en décembre 2005 l'affaire Imperial Tobacco, quand Alliance Prével fait une offre à la compagnie pour l'achat de son immeuble. Le POPIR se lance dès ce moment dans une campagne pour faire échouer le projet, et cela, malgré le fait qu'il comporte la construction de 75 logements sociaux sur un total de 481 unités d'habitation.

Quels sont les arguments du POPIR-Comité Logement? D'abord, évidemment, « les graves conséquences sur les conditions de vie qu'il risque d'avoir dans le secteur »[6]. Ainsi, tout projet qui comporte des

---

6. www.cam.org/~popir/une.htm

conséquences sur les conditions de vie des résidants devrait, selon cette logique, être écarté sans autre forme de procès. Doit-on parler ici de conservatisme ou d'immobilisme? Ensuite, évidemment, la fameuse crise du logement (qui est pourtant à ce moment en voie de résorption selon tous les indices statistiques) : « quand on considère qu'il y a 4 000 ménages qui consacrent plus de 50 % de leurs revenus au logement dans le Sud-Ouest, ce nombre de logements sociaux est nettement insuffisant et il ne permettra assurément pas de diminuer les effets néfastes de la construction de condos dans le secteur »[7]. Puisque le nombre de logements sociaux prévus est insuffisant pour réduire significativement les effets de la crise du logement, jetons hardiment le bébé avec l'eau du bain, d'autant que la prolifération des infâmes condos est en train de faire disparaître « le tissu social traditionnel et solidaire des quartiers[8] » (ce « tissu solidaire » constituant le terrain de jeu des activistes de gauche, qui seraient évidemment fort marris de le voir se rabougrir)! En troisième lieu, parce le POPIR s'oppose aux condos, qui « ne sont pas des habitations que les gens qui ont les plus graves problèmes de logement ont les moyens de se payer » et qui contribuent « très activement à ce qu'on appelle l'embourgeoisement (ou la gentrification) des quartiers populaires, c'est-à-dire le phéno-mène par lequel des gens plus riches viennent s'installer dans un quartier qui l'est moins, achètent et transforment les logements, jusqu'à ce qu'ils deviennent trop chers pour la population du quartier qui n'a plus d'autre choix que de s'exiler »[9]. En somme, comme les pauvres n'ont pas les moyens de se payer de condos (une lapalissade), il faut interdire la construction de ceux-ci pour préserver l'intégrité du ghetto de pauvreté que constitue Saint-Henri. C'est pourquoi les militants du POPIR demandent à la Ville de Montréal « qu'elle s'approprie les espaces encore vacants pour les réserver à la construction de logements sociaux[10] » (c'est le fameux concept de « réserve foncière »). Dans un

---

7. *Ibid.*
8. Hélène, « Imperial Tobacco: encore des condos », http://laruebrique.org/article.php3?id_article=38
9. www.cam.org/~popir/une.htm
10. *Ibid.*

reportage diffusé au *Point* en juin 2006, un militant du POPIR donnait à la journaliste Julie Miville-Dechêne, de Radio-Canada, la réponse suivante à une question sur les motifs de l'opposition du comité au projet d'Alliance Prével : « Nous ne sommes pas à l'aise avec ce genre de développement ». Ce qui laisse deviner que cette opposition est basée bien davantage sur des motifs idéologiques (le rejet du marché privé locatif et la haine de l'économie de marché) que sur la défense des locataires et des démunis. La lecture de l'article d'une prénommée Hélène (qui ne daigne pas donner son nom de famille) dans *La Rue Brique* achèvera de convaincre les sceptiques que la lutte contre les condos dans l'arrondissement du Sud-Ouest est motivée par la haine du profit et par un conservatisme crasse maquillé en solidarité, et non pas par la compassion envers les démunis[11]. Quelques exemples de cette prose acidulée?

> « Soulignons que 73 logements sociaux, c'est bien peu étant donnés les 4 000 ménages du Sud-Ouest en attente de telles habitations. Ce méga-projet se déroulera sur 6 ans, avec les logements sociaux construits en premier. C'est très plaisant de vivre sur un chantier pendant tout ce temps, avec le son harmonieux des marteaux-piqueurs. »

> « Autant une usine vide que 400 condos pour les riches ! »

> « C'est plus de 100 personnes qui se sont mobilisées pour assister au cirque démocratique qu'est la consultation publique. »

> « Avec tout le magot que les possédants de ces industries ont fait sur le dos des travailleurs du Sud-Ouest, nous nous devons de réclamer ces usines comme nôtres. Pas besoin de promoteurs avides de condo-dollars ! »[12]

---

11. Hélène, « Imperial Tobacco: encore des condos », http://laruebrique.org/article.php3?id_article=38
12. *Ibid.*

On l'aura remarqué, un des arguments principaux des opposants au projet d'Alliance Prével repose sur les effets néfastes de la *gentrification* (embourgeoisement) du quartier que provoquerait (ou stimulerait) la construction de condos. Selon eux : la construction de condos aurait pour effet de faire monter les prix de l'immobilier dans le quartier, et par conséquent de contribuer à la hausse des loyers, déjà trop élevés pour les 1 165 ménages qui consacrent plus de 50 % de leurs revenus au logement dans le quartier Saint-Henri[13]; cette hausse des loyers se poursuivrait « jusqu'à ce qu'ils deviennent trop chers pour la population du quartier qui n'a plus d'autre choix que de s'exiler[14] » (on remarquera le choix d'un verbe à consonance dramatique pour ne pas dire tragique, alors qu'on parle ici simplement d'un changement de quartier, pas d'émigration à l'étranger); la hausse des loyers et l'intrusion des acheteurs de condos amèneraient ainsi la destruction du « tissu social traditionnel et solidaire des quartiers[15] » (en d'autres mots, l'implosion du ghetto de pauvreté et l'attrition des pratiques liées à la condition socio-économique précaire des résidants comme les cuisines communautaires, les coopératives d'habitation et d'alimentation et les foyers d'hébergement); l'embourgeoisement aurait en outre pour effet d'amener la modification graduelle de l'offre commerciale dans le quartier, des commerces destinées à la nouvelle clientèle, plus à l'aise financièrement, ayant tendance à remplacer ceux liés au faible niveau socio-économique de la population, qui perdrait donc graduellement la possibilité de s'approvisionner à proximité de chez elle. Comme l'écrit Jacques Forget du FRAPRU, « le danger qui nous guette dans ce type de développement, c'est que les populations ayant de faibles et modestes revenus soient déplacées hors de l'agglomération montréalaise et forment, d'ici une quinzaine d'années, une ceinture de pauvreté qui les isolera, les

---

13. Jacques Forget, « Transformation de l'usine Imperial Tobacco, à Montréal. Du développement? Oui mais pas n'importe lequel! », *Le FRAPRU frappe encore*, n⁰ 110, septembre 2006.
14. *Ibid.*
15. Hélène, « Imperial Tobacco: encore des condos », http://laruebrique.org/article.php3?id_article=38

appauvrira et dont les coûts sociaux devront être absorbés par les contribuables[16]» (mais ne vivent-ils pas à l'heure actuelle dans un ghetto de pauvreté dont les coûts sociaux sont d'ores et déjà absorbés par les contribuables? M. Forget serait-il assez aimable de nous expliquer la différence entre ces deux concepts, soit le ghetto de pauvreté et la ceinture de pauvreté, et de nous aider à comprendre comment ce changement de lieu de résidence les appauvrira?).

Comme l'écrit Claude Picher de *La Presse*, « le raisonnement n'est pas dépourvu de fondement, mais un peu court »[17]. En effet, la *gentrification* n'a pas que des effets négatifs sur les quartiers dans lesquels elle se produit. D'abord, parce qu'elle stimule l'économie locale :

> « La moitié des dépenses des ménages sont effectuées à proximité du lieu de résidence : épicerie; station-service; pharmacie; services personnels, entre autres. C'est le dépanneur local, le restaurant du coin, le salon de coiffure et autres commerces qui en profitent et qui, pour faire face à l'augmentation de la demande, embaucheront du personnel, réduisant d'autant le chômage. »[18]

Ensuite, parce qu'elle contribue à la mixité sociale, que les promoteurs des logements sociaux vantent (notamment parce qu'elle contribuerait à réduire les préjugés de classes) quand il s'agit de construire ceux-ci dans des quartiers bourgeois, mais qu'ils rejettent avec véhémence quand elle est provoquée dans les quartiers populaires par l'arrivée de résidants à revenus moyens ou élevés : « en s'attaquant aux nouveaux condos, le comité se bat en fait pour le maintien des poches de pauvreté. Brillant![19] » Enfin parce qu'amenant le retour dans la ville centre de contribuables aisés,

---

16. Jacques Forget, « Transformation de l'usine Imperial Tobacco, à Montréal. Du développement? Oui mais pas n'importe lequel! », *Le FRAPRU frappe encore*, n° 110, septembre 2006.
17. Claude Picher, « L'embourgeoisement », *La Presse Affaires*, 8 janvier 2004, p. 4.
18. *Ibid.*
19. *Ibid.*

elle contribue directement à la hausse des impôts fonciers prélevés par celle-ci : « avec ces revenus supplémentaires, elle pourra plus facilement offrir de meilleurs services, y compris la construction d'un plus grand nombre de logements sociaux »[20].

On notera en outre, en lisant leurs articles et leurs communiqués de presse, que les membres des groupes de pression comme le POPIR et le FRAPRU, tout absorbés qu'ils sont dans leur lutte contre le marché privé locatif et en faveur du logement social, n'ont pas d'autres explications à donner sur les sources de la crise du logement et la dégradation du parc locatif que la rapacité des propriétaires et la logique du marché. Ce simplisme dogmatique peut à la rigueur satisfaire l'esprit des militants, ces zélotes déjà gagnés à leur logique, mais il échoue à expliquer le problème concret du logement au Québec en général et à Montréal en particulier.

Or, comme l'écrivait en avril 2006 dans son blogue Mathieu Laberge, économiste et professeur au Cégep Gérald-Godin, « les locataires sont victimes du dogmatisme des groupes de pression »[21]. Pas besoin d'être grand clerc pour comprendre les causes de la pénurie de logements à moyen et à bas loyers et la dégradation du parc locatif au Québec. En effet, pour des raisons multiples, dont la pauvreté historique de la majorité des francophones, le fait qu'ils aient été majoritairement locataires depuis l'industrialisation et l'urbanisation de la province au cours des deux derniers siècles et les lois sociales (dont la création de la Régie du logement en 1979) adoptées par les gouvernements pour aider les démunis et favoriser la promotion économique collective des Québécois de souche, les loyers au Québec sont significativement plus bas que la moyenne canadienne (10 520 $ par année à Montréal en 2004, alors que la moyenne au Canada est

---

20. *Ibid.*
21. http://mathieulaberge.blogspot.com/2006/04/se-tirer-dans-le-pied.html

de 12 200 \$[22]). L'écart s'accroît évidemment davantage quand on compare Montréal avec les autres grandes villes du Canada.

Mathieu Laberge tire les conclusions de cet état de faits :

> « À priori, on pourrait se réjouir du faible coût du logement au Québec mais, le bas niveau des loyers a envoyé un message doublement néfaste aux propriétaires et aux promoteurs immobiliers, contribuant ainsi largement à la dégénérescence du parc locatif montréalais. Confrontés à des revenus plus minces que partout ailleurs et devant le peu de gains à tirer de réfections majeures, les propriétaires de la métropole québécoise ont laissé dépérir leurs logements. [...]. Par ailleurs, les promoteurs immobiliers, observant la faible valeur des bâtiments résidentiels locatifs, se sont lancé tous azimuts dans la construction de condominiums au détriment des immeubles à appartements, accroissant du même coup une pénurie déjà passablement préoccupante. On s'est donc retrouvé dans un véritable cercle vicieux de l'insalubrité où les logements désuets devenaient absolument malsains alors que la majorité des édifices nouvellement bâtis n'étaient pas destinés à la location.[23] »

En d'autres mots, une pénurie de logements, dont plusieurs sont en décrépitude, et pas ou peu d'intérêts chez les promoteurs pour en construire ou pour les rénover. Devant cette catastrophe, quelles sont les solutions proposées par les militants du POPIR et du FRAPRU ? Gel des loyers, droit absolu au maintien des locataires dans les lieux, construction de logements sociaux et opposition dogmatique aux condos, même quand les projets font place au logement social comme c'est le cas de celui d'Alliance Prével. Autrement dit, en faisant

---

22. Données de Statistique Canada.
23. http://mathieulaberge.blogspot.com/2006/04/se-tirer-dans-le-pied.html

obstacle au fonctionnement d'un marché locatif sain, dans lequel les propriétaires percevraient des profits suffisants pour rénover leurs bâtiments et en construire de nouveaux, ils aggravent les conditions de vie des locataires des quartiers populaires. Pire, ils s'opposent par principe à la construction de condos, situation dont ils sont en partie responsables par leur intransigeance et leur sempiternelle diffamation des propriétaires, collectivement qualifiés de caste d'usuriers. Puis ils se tournent vers les gouvernements, dont ils exigent avec véhémence qu'ils réparent les pots cassés (on remarquera que les groupes populaires contemporains ne présentent plus de requêtes aux pouvoirs publics : drapés dans leur juste indignation, ils EXIGENT que ceux-ci obtempèrent).

Dans le cas du POPIR (et du FRAPRU), nous avons manifestement affaire à des gens qui confondent la haine de l'argent et du profit et le progressisme et qui, par leurs actions, nuisent aux locataires qu'ils prétendent défendre au moins autant qu'ils les aident. Le concept de solidarité, dont ils aiment se gargariser, est en l'espèce galvaudé, l'idéologie l'emportant sur le sort des résidants et des démunis. On a la curieuse impression que, s'ils avaient vécu au Moyen Âge, ces militants se seraient fait les défenseurs de la préservation intégrale des cours des Miracles. Comment la Ville de Montréal, qui peine déjà à fournir à ses citoyens les services auxquels ils s'attendent en vertu des taxes très lourdes qu'ils paient, pourrait-elle acheter ces immeubles pour y constituer une réserve foncière et « y développer un projet d'utilité sociale comprenant à la fois garderie, emploi [et] logement social »[24]? Nous nageons ici en plein socialisme utopique à la Louis Blanc ou à la Fourier : on croit même retrouver dans ce concept loufoque les « phalanstères » du second[25].

---

24. Jacques Forget, « Transformation de l'usine Imperial Tobacco, à Montréal. Du développement? Oui mais pas n'importe lequel ! », *Le FRAPRU frappe encore*, n° 110, septembre 2006.
25. A. Jardin et A.J. Tudesq, *La France des notables. L'évolution générale, 1815-1848*, Paris, Seuil, 1973, (Coll. : Nouvelle histoire de la France contemporaine, n° 6), p. 101-102.

En fin de compte, le projet Imperial Tobacco a été accepté par l'arrondissement et les condos honnis seront construits. Pour le POPIR et le FRAPRU, qui disent favoriser plutôt un « développement durable, incluant des volets économiques, sociaux et environnementaux »[26], selon la rengaine à la mode dans les groupes populaires, la transformation d'un immeuble désaffecté en 481 unités de logement est une défaite. On peut, hélas, parier qu'ils « continueront le combat » avec les mêmes arguments éculés à la prochaine occasion!

---

26. Jacques Forget, « Transformation de l'usine Imperial Tobacco, à Montréal. Du développement? Oui mais pas n'importe lequel! », *Le FRAPRU frappe encore*, n° 110, septembre 2006.

CHAPITRE 6

La Rupert : la nature sauvage contre l'environnement

«Aujourd'hui, on ne peut plus se permettre d'empiéter sur l'environnement à moins que ce soit absolument nécessaire[1], et c'est vraiment pas le cas avec la Rupert», disait en conférence de presse, à l'occasion du lancement par Hydro-Québec du projet Eastman-Rupert le 11 janvier 2007, l'ineffable Roy Dupuis, fondateur et coprésident de la Fondation Rivières et (ça va de soi) opposant au projet. Et d'ajouter que d'autres options existent, dont l'éolien (devenu la tarte à la crème des écologistes) et les économies d'énergie. D'entrée de jeu, on aimerait poser au comédien la question suivante : la réalisation de films et d'émissions de télévision, grâce à laquelle il a acquis sa fortune et sa notoriété, et qui comporte nécessairement des empiètements sur l'environnement, est-elle absolument nécessaire?

Pour comprendre les motifs qui poussent les membres de la Fondation Rivières, les résidants de la Baie-James et les écologistes de Révérence Rupert à s'opposer au projet d'Hydro-Québec de dériver une partie des eaux de ladite rivière vers la rivière La Grande, il faut

---

1. On notera ici l'emploi par le comédien du critère de nécessité, utilisé aussi par les opposants au projet Rabaska (voir le chapitre 4).

LA RUPERT: LA NATURE SAUVAGE CONTRE L'ENVIRONNEMENT

en premier lieu se pencher sur le cours d'eau lui-même et sur son histoire. Comme on nous l'explique dans Wikipedia :

> « La rivière Rupert est l'une des dix plus grandes rivières du Québec. Elle prend sa source dans le lac Mistassini et se déverse 600 km plus à l'ouest dans la baie de Rupert, qui fait partie de la baie James. Le bassin de drainage de la rivière Rupert couvre une superficie de 43 400 km^2 et le débit moyen de la Rupert est environ 880 m^3/s. Elle est composée de plusieurs rapides puissants, dont les Rapides Kaumwakweyuch situés à proximité de la Route de la Baie-James et communément appelés les *Rapides d'avoine*. Le village cri de Waskaganish se trouve à l'embouchure de la rivière. En 1668, une expédition menée par Médard Chouart des Groseilliers s'est rendue jusqu'à l'embouchure de la rivière Rupert dans le but de contourner le fleuve Saint-Laurent contrôlé par les Français et ce, en vue de rompre l'emprise des Français dans le domaine de la traite des fourrures. Le cours d'eau fut nommé en l'honneur de l'instigateur de cette expédition, le Prince Rupert. Un fort fut fondé à l'embouchure de la rivière et devint plus tard le poste de traite *Rupert House*, le plus vieux poste de traite de la Compagnie de la Baie d'Hudson. À partir de ce moment et jusqu'au début du vingtième siècle, la rivière Rupert a toujours joué un rôle vital en permettant d'approvisionner en vivres les commerçants de fourrures des postes de traite situés plus à l'est, à l'intérieur des terres (comme Nemaska et Mistissini) et en facilitant la traite de fourrures. Aujourd'hui, la rivière Rupert ne constitue plus un couloir crucial pour la traite des fourrures, mais représente depuis plusieurs années une destination très prisée pour les amateurs de canot-camping et de canot en eaux vives.[2] »

---

2. http://fr.wikipedia.org/wiki/Rivi%C3%A8re_Rupert

On devine, à la lecture de cet extrait, une rivière sauvage et majestueuse (quasi mythique) que les humains ont jusqu'ici emprun-tée, mais pas dénaturée. Et qui n'est plus utilisée pour le commerce, mais pour des activités « nobles » comme la pêche et la trappe chez les Cris et le rafting, le kayak et le canot chez les Blancs. Ces traits titillent la fibre romantique des artistes et des écologistes qui s'op-posent au projet de la société d'État, comme l'illustrent le film racoleur d'Alexis de Gheldere[3] et la description de Luc Chartrand dans *L'actualité* :

> « Un déluge d'écume blanche déboule un escalier naturel de plus d'un kilomètre de long et vient choir sous le pont. C'est une émotion brute d'eau vive, le fantasme absolu du rafteur. [...]. Outre la beauté sauvage de ses rapides, la Rupert est aussi une rivière patrimoniale : ce fut de temps immémoriaux une voie royale de communication entre la vallée du Saint-Laurent et la baie d'Hudson. Elle permettait les contacts entre les Cris de la Baie-James et les Montagnais du Saguenay. Louis Jolliet et d'Iberville l'ont empruntée pour atteindre la baie d'Hubson.[4] »

Le projet de dérivation de la rivière Rupert est un descendant direct du projet de la Baie-James, lancé en 1971-1972 par le premier ministre Robert Bourassa, et il y est étroitement associé. Le projet retenu en 1972 par le gouvernement du Québec prévoyait la cons-truction de quatre centrales sur la Grande Rivière et la dérivation des rivières Caniapiscau, Opinaca et Eastmain vers le bassin versant de cette dernière, doublant ainsi son débit. L'ampleur des travaux prévus et des modifications à l'environnement allaient forcer les gouverne-ments provincial et fédéral, après plusieurs escarmouches devant les tribunaux et de longues négociations, à accoucher en novembre 1975

---

3. http://citoyen.onf.ca/onf/info?did=2301
4. Luc Chartrand, « Le sacrifice de la Rupert », *L'actualité*, juillet 2006, p. 43.

d'un précédent historique : la conclusion avec les Cris et les Inuits d'une entente appelée Convention de la Baie-James. Celle-ci accordait à ces derniers des droits exclusifs de chasse et de pêche sur des territoires d'une superficie totale d'environ 170 000 km^2 ainsi que des compensations financières de près de 225 M $ au total. Le gouvernement du Québec obtenait, en échange de celles-ci et de la reconnaissance des droits des Autochtones, le droit de développer les ressources hydrauliques, minérales et forestières de la région couverte par la Convention. Réalisé en deux phases, le projet de la Baie-James amenait la construction, entre 1972 et 1986, des centrales hydroélectriques La Grande-2 (renommée Robert-Bourassa), La Grande-3 et La Grande-4, d'une capacité de 10 800 mégawatts, puis, entre 1986 et 1996, celle de cinq centrales additionnelles sur la Grande Rivière et ses affluents (La Grande-1, La Grande-2A, Laforge-1, Laforge-2 et Brisay) d'une capacité de 5 200 mégawatts. Au total, ces huit centrales produisent annuellement environ 83 TWh[5] depuis leur mise en service.

Après l'échec du projet Grande-Baleine, suspendu en 1994 par le gouvernement du Québec à cause de l'opposition farouche (et dommageable à l'image de la province sur la scène internationale) des Cris et des écologistes (dont Robert Kennedy Jr., l'Audubon Society, le Sierra Club, Greenpeace, etc.) à la suite de l'annulation par l'État de New York d'un contrat d'importation d'électricité, il semblait bien que le développement hydroélectrique du bassin oriental de la baie James était compromis. Mais la signature, en février 2002, de la « Paix des Braves » entre le gouvernement du Québec du premier ministre Bernard Landry et le Grand Conseil des Cris dirigé par Ted Moses, allait ouvrir la porte toute grande au projet Rupert. Cette

---

5. Le symbole TWh signifie térawattheure; 1 TWh équivaut à 1000 MWh (mégawattheure); 1 MWh équivaut à 1000 KWh (kilowattheure); 1 KWh équivaut à 1000 wattheure, soit la production d'un watt pendant une heure ou encore 3600 joules, unité légale de l'énergie dans le Système International d'unités. Un térawattheure équivaut donc à un milliard de wattheure.

entente serait entérinée la même année par la nation crie à l'occasion d'un référendum (70 % de voix favorables, avec un taux de participation de 58 %[6]). La Paix des Braves autorise Hydro-Québec à aller de l'avant avec le projet Rupert après des évaluations environnementales. En contrepartie, elle reconnaît les droits territoriaux des Cris, leur octroie une compensation financière de 70 M$ par an pendant cinquante ans ainsi qu'un quota d'emplois sur les quelque 4 000 emplois annuels créés pendant la réalisation du projet, prévue sur six ans. Les Cris renoncent aussi aux poursuites judiciaires qu'ils avaient entreprises pour faire respecter la Convention de la Baie-James. Deux commissions d'évaluation environnementale, l'une provinciale et l'autre fédérale, ont par la suite (en 2006) donné leur accord au projet.

La société Hydro-Québec présente ainsi le projet qui a été officiellement lancé le 11 janvier 2007 :

> « Le projet consiste à construire une centrale de 768 MW – la centrale de l'Eastmain-1-A, à proximité de la centrale de l'Eastmain-1 – et à dériver une partie des eaux de la rivière Rupert vers ces deux centrales et vers la centrale de la Sarcelle, puis vers les centrales Robert-Bourassa, La Grande-2-A et La Grande-1.
>
> Le projet comprend les éléments suivants : l'ajout d'une centrale de 768 MW au réservoir Eastmain 1, la centrale de l'Eastmain-1-A; l'ajout d'une centrale de 120 MW à l'exutoire du réservoir Opinaca, la centrale de la Sarcelle; la dérivation d'une partie des eaux du bassin versant de la rivière Rupert dans le bassin versant de la rivière Eastmain; l'ajout d'une ligne à 315 kV entre les postes de départ d'Eastmain-1 et Eastmain-1-A ainsi qu'entre les postes Sarcelle et Eastmain-1.

---

6. *La Presse*, 12 janvier 2007, p. A-3.

Le projet, dont la mise en service est prévue pour 2010-2011, apportera au parc de production d'Hydro-Québec une puissance additionnelle de 888 MW ainsi que des gains énergétiques annuels de 8,5 TWh se répartissant comme suit : gain marginal de production aux centrales de l'Eastmain-1-A et de l'Eastmain-1 : 2,3 TWh; production de la centrale de la Sarcelle : 0,9 TWh; gains de production aux centrales Robert-Bourassa, La Grande-2-A et La Grande-1: 5,3 TWh.[7] »

Il fera passer la marge de manœuvre de la société d'État à 15 milliards de kilowattheures en 2012 (contre 10,2 à l'heure actuelle), créera 4 000 emplois par année pendant six ans et amènera des retombées économiques de 532 M$ (dont 240 M$ pour les communautés cries) pour un coût total évalué à 5 milliards de dollars[8].

Le projet a suscité, entre son dévoilement en 2001 et son lancement officiel en janvier 2007, l'opposition de certains groupes et individus : l'organisme Révérence Rupert, créé à cette fin en 2001, la Fondation Rivières, lancée en 2002 avec l'opération « Adoptez une rivière » et officiellement fondée en 2003 pour protéger les rivières du Québec « qui sont actuellement menacées, non seulement par les projets de barrages hydroélectriques, mais aussi par la pollution, la privatisation et divers intérêts économiques »[9], et un certain nombre de membres de la nation crie, vraisemblablement minoritaires.

Le premier argument de ceux qui s'opposent au projet d'Hydro-Québec, et sans doute le plus attendrissant, est la protection de ce joyau pas encore dénaturé par les humains qu'est la rivière Rupert. La prose aux intonations bucoliques et mystiques d'Éric Gagnon, coprésident de Révérence Rupert, est révélatrice de cet état d'esprit :

---

7. http://www.hydroquebec.com/eastmain1a/fr/
8. *La Presse*, 12 janvier 2007, p. A-2 et A-3.
9. http://rivers-foundation.org/html/acceuil.htm

« Les meilleures raisons de protéger la rivière Rupert demeurent celles que la rivière souffle elle-même à l'oreille de qui la contemple. Elle lui parle alors de dimensions de grandeur, de beauté, de sacré, dans un langage universel que l'on avait cru oublié. Un état de révérence s'installe alors – cet espace de communion avec la Terre nourricière et le Tsey-Manitou (la Déité, en cri) auxquels la vie sous toutes ses formes doit son existence. Et avec cet état de révérence naît le désir de chérir, de protéger, de faire connaître cette merveille qu'on découvre pour soi. Nous avons tous déjà ressenti l'émerveillement devant un paysage, par une belle journée de plein air, et la joie d'en profiter. Ces sentiments ont aussi leur réalité, leur importance, leur valeur, et il convient d'en parler sans pudeur. Plus on s'éloigne de la rivière, plus sa puissante réalité s'estompe... Il devient si facile de cartographier des plans de détournement, de barrages et de la considérer comme un objet lointain, abstrait. [...]. Se rapprocher de la rivière, pour en contacter l'essence vitale, comprendre son équilibre, sa nécessité et son rôle millénaire dans un environnement d'allure robuste et pourtant si fragile[10]. »

Ainsi, pour développer l'esprit de révérence, il faudrait entrer en contact physique avec la rivière, puisque sa réalité s'estompe avec l'éloignement (quelle lapalissade!). C'est sans doute la raison pour laquelle certains cinéastes réalisent des films où l'on voit et entend la Rupert (ainsi que des kayakistes qui s'extasient et poussent des « wouaaahh » de jouissance), puisque la majorité des Québécois n'ont ni le temps, ni les moyens, ni même la capacité de la fréquenter personnellement : c'est la communion médiatisée, sans doute moins efficace, mais incontournable pour « éduquer » la population. De toute façon, si la Rupert devenait une destination touristique populaire (elle est actuellement une destination touristique élitiste), les gens qui la

---

10. http://frbeiger.com/larivitererupert.html

défendent aujourd'hui bec et ongles s'en détourneraient ostensiblement en vertu de la recherche de l'authenticité et de l'exotisme et du principe de l'« évasion concurrentielle »[11]. On peut aussi parier qu'elle ne générerait plus de textes abscons genre « nouvel âge » où l'auteur parle de « communion avec la Terre nourricière et la Déité ». On notera aussi l'influence (inconsciente?) du romantisme lamartinien sur le coprésident de RR, qui fait de la rivière une entité vivante avec laquelle il communique et qui influe sur ses états d'âme : « Ô rivière! L'année à peine a fini sa carrière... », aurait-il pu écrire. À le lire, on se met à rêver à un retour à l'Âge de pierre, cette période si extraordinaire où les humains vivaient en relations très étroites avec la Terre nourricière!

En plus d'aspirer à l'état de révérence béate devant la nature vierge, les opposants soulèvent le problème de la pollution au mercure qui accompagnera inévitablement la réalisation du projet. En novembre 2006, le journaliste Louis-Gilles Francoeur, du *Devoir*, faisant écho aux dires de Daniel Green, porte-parole du Sierra Club du Canada, soulevait le fait que la construction du réservoir hydroélectrique nécessaire pour détourner la tête de la Rupert pourrait libérer des concentrations de mercure suffisantes pour « mettre en péril la " mère " de toutes les truites sauvages de l'Amérique du Nord »[12]. Ces inquiétantes prédictions prenaient leur source dans des tests réalisés à l'été 2006 par M. Green lui-même « selon un protocole scientifique », en collaboration avec la Fondation Rivières et Révérence Rupert. Ces tests auraient révélé des concentrations de mercure supérieures à 100 parties par milliard, lesquelles pourraient entraîner des problèmes de reproduction pour une espèce de truite, apparentée à la mouchetée et spécifique au bassin de la Rupert et du lac Mistassini, qui pourrait, selon un biologiste de l'Université Laval, « être la souche

---

11. Joseph Heath et Andrew Potter, *Révolte consommée. Le mythe de la contre-culture*, Montréal, Trécarré, 2005, p. 324-335.
12. http://www.ledevoir.com, édition du 16 novembre 2006.

originelle de toutes les formes connues de cette espèce en Amérique, ce qui en ferait la " mère " de toutes nos truites »[13]. Cette contamination au mercure pourrait bien évidemment menacer aussi la santé des Cris qui auraient consommé les poissons intoxiqués. Mais, outre le fait que la fiabilité des tests réalisés par M. Green est discutable à cause de l'évident parti pris de leurs commanditaires, le projet a été approuvé par deux commissions d'évaluation environnementale, l'une provinciale et l'autre fédérale, qui ont tenu des audiences publiques et examiné les études d'impact réalisées par la société d'État québécoise. Ces commissions étaient-elles composées d'imbéciles finis ou de maquignons à la solde d'Hydro-Québec? Un tel projet doit-il avoir des impacts environnementaux nuls pour recevoir l'imprimatur des groupes environnementaux? Comme l'écrit Yves Boisvert : « Hydro a fait ses devoirs comme jamais auparavant. Les impacts sont raisonnables. Ils ne sont pas nuls, ils sont même importants. Mais ils sont raisonnables[14] ».

Dans sa défense tous azimuts de la rivière, Révérence Rupert va même jusqu'à prétendre que les recherches scientifiques renversent aujourd'hui la croyance développée au siècle dernier selon laquelle l'hydroélectricité serait encore « une source d'énergie propre et renouvelable » et affirme que « les beaux jours de l'hydroélectricité sont derrière nous »[15]. Vraiment, on nage en plein délire. Au nom d'hypothétiques économies d'énergie et de soi-disant solutions de remplacement (qui ont d'ailleurs été écartées par la Commission fédérale d'examen), « le Québec devrait donc se priver d'exploiter l'une des richesses naturelles les plus propres qu'on puisse imaginer »[16]. On ne parle plus ici seulement d'immobilisme, mais d'aveuglement volontaire.

---

13. *Ibid.*
14. Yves Boisvert, « Les ennemis de l'écologie », *La Presse,* 12 janvier 2007, p. A-5.
15. http://frbeiger.com/larivierrerupert.html
16. André Pratte, « La Rupert ou rien », *La Presse,* 13 décembre 2006, p. A-30.

L'organisme fait aussi valoir que les trois communautés cries les plus directement touchées par le projet (sur neuf au total pour la nation crie), celles de Nemaska, Waskaganish et Chisasibi, ont tenu à l'automne 2006 un second référendum, portant seulement sur la dérivation de la rivière et non sur la Paix des Braves dans son ensemble, où le non l'a emporté. Mais la participation à cet exercice démocratique n'a attiré que 25 % des résidants des trois communautés[17]. Révérence Rupert dénonce aussi, sur son site Internet, les « nombreuses irrégularités [qui] ont gravement miné la légitimité du processus[18] » référendaire à l'occasion de la première consultation, selon des plaintes recueillies par des militants de l'organisme qui ont rencontré des membres de certaines communautés cries. En somme, du ouï-dire, récolté au hasard par des opposants au processus : pas très sérieux sur le plan méthodologique (et éthique)! Devant la signature par le Grand Conseil des Cris de la Paix des Braves et à l'approbation de celle-ci par l'ensemble de la nation, ces arguments manquent nettement de poids. D'autant que la solution de rechange proposée par le leader de l'opposition crie au projet, et chef de la communauté de Chisasibi, est l'énergie... éolienne[19].

Et, bien sûr, on trouve dans les textes et les déclarations des opposants l'anticapitalisme primaire qui est présent chez tous les éteignoirs. Ainsi Révérence Rupert, qui désire soustraire la Rupert « aux appétits d'exploitation à courte vue et à de suspects intérêts politico-financiers »[20]. On notera l'utilisation du vocable « appétits », qui laisse entendre que l'exploitation de la rivière est une sorte de gloutonnerie égoïste et peu ragoûtante, et de l'expression « suspects intérêts politico-financiers », amalgame fumeux qui n'a d'autre fonction que de provoquer la méfiance devant ces intérêts non précisés

---

17. Charles Côté. « Les Cris entre résistance et résignation », *Le Soleil*, 12 janvier 2007, p. 6.
18. http://www.reverencerupert.org/
19. *Ibid.*
20. http://frbeiger.com/lariviererupert.html

sinon pour dire qu'ils sont politico-financiers, la fusion de ces deux termes à connotation péjorative (la politique, royaume de la magouille, et la finance, domaine du fricotage) ayant pour effet de susciter la suspicion et le dédain. On se rappellera (voir plus haut) que le site de la Fondation Rivières dénonce, sans précisions, la « privatisation » et les « divers intérêts économiques » qui menacent celles-ci. On y décèle aussi l'antiaméricanisme trivial, comme l'illustre cette question posée par Roy Dupuis : « Et si cette énergie n'est développée qu'à des fins d'exportation, une goutte d'eau dans l'océan de la consommation énergétique étatsunienne, devrions-nous pour cela aménager toutes nos rivières, et n'importe laquelle par n'importe qui?[21] » Enfiévré par sa passion pour la défense des rivières, M. Dupuis se sera sans doute quelque peu emporté en rédigeant cette phrase et il en aura oublié que l'énergie produite par le projet Rupert est destinée à l'exportation à court terme, mais à la consommation domestique à long terme[22], et, surtout, que les Québécois consomment plus d'énergie, par habitant, que les vilains goinfres étatsuniens qu'il stigmatise avec tant de fougue! D'ailleurs, l'exportation des surplus produits par le projet Rupert se fera principalement à destination de l'Ontario[23], aux prises avec ses centrales nucléaires (dangereuses) ou au charbon (polluantes), et non des États-Unis.

Quelles solutions de rechange sont proposées par les défenseurs de la Rupert? D'abord, bien sûr, l'éolien. Ainsi Réal Reid, ingénieur et expert-conseil en énergie éolienne, critique-t-il Hydro-Québec pour n'avoir consacré qu'une page (un « ramassis de clichés », à ses dires) de son étude de 2650 pages sur le détournement de la Rupert à l'option éolienne (quatre pages au total pour toutes les « alternatives »). Et d'affirmer qu'à son avis, « le détournement de la Rupert n'est pas

---

21. Roy Dupuis, « Mes questions dérangent-elles? », http://www.ledevoir.com, 25 avril 2006.
22. Hélène Baril « Pourquoi un tel projet? », *La Presse*, 12 janvier 2007, p. A-2.
23. Hélène Baril, « Les coûts ont déjà grimpé de 25 % », *La Presse*, 12 janvier 2007, p. A-3.

nécessairement la solution du moindre coût »[24]. Ou Jean-Michel Parrouffe, « consultant en énergies renouvelables », qui propose un projet hydro-éolien s'appuyant « sur la construction de la centrale Eastmain 1-A, ou une variante de puissance mieux adaptée, et celle de plusieurs centrales éoliennes dont la puissance totale s'élèverait à 2650 MW »[25]. Mais l'option éolienne a été rejetée par les deux comités d'évaluation. Pourquoi? D'abord parce que le remplacement du projet Rupert requérrait, selon la commission provinciale d'évaluation, la construction de 1000 éoliennes occupant un territoire de 600 km^2 [26]. Outre les incidences écologiques importantes de la mise en œuvre d'un parc d'une telle ampleur, on imagine sans peine l'opposition à laquelle se heurterait un tel projet, à une époque où l'éolien n'a déjà plus le vent dans les voiles et où l'importance des gains environnementaux qu'il permet est remise en question[27]. Ensuite à cause de ses coûts plus élevés et de l'impossibilité de stocker cette énergie comme le font les barrages hydroélectriques : « L'éolien, dont on ne sait pas ce qu'il donnerait dans le Grand Nord, coûte au moins entre 40 % et 100 % plus cher[28] ». Enfin à cause de sa fiabilité discutable. Les défenseurs des rivières proposent aussi comme solution de rechange au projet maudit les économies d'énergie. Laissons la parole à Roy Dupuis :

> « Pourquoi le Québec tarde-t-il tant à exploiter son potentiel d'économie d'énergie? C'est le plus lucratif de ses gisements, qui peut créer jusqu'à 12 000 emplois par milliard de dollars investis contre 9 000 environ pour de grands projets hydroélectriques. Qu'attend-on pour lancer un sérieux programme national de rénovation des bâtiments et sortir de leur spirale de pauvreté des

24. Réal Reid, « Rupert : pas très sérieux! – Quatre pages d'alternatives sur 2650 pages », *Le Soleil*, http://www.cyberpresse.ca, 26 janvier 2007.

25. Jean-Michel Parrouffe, « Rupert : il y a d'autres solutions », http://www.ledevoir.com, 26 janvier 2007.

26. Charles Côté, Les Cris entre résistance et résignation », *Le Soleil*, 12 janvier 2007, p. 6.

27. François Cardinal, « L'éolien face à des vents contraires », *La Presse*, 10 février 2007, p. A-11.

28. Yves Boisvert, « Les ennemis de l'écologie », *La Presse*, 12 janvier 2007, p. A-5.

milliers de ménages québécois pris avec des factures exorbitantes d'énergie qui fuit par les fenêtres? Qu'attend-on pour promouvoir systématiquement, programmes de financement à l'appui, l'utilisation optimale de la géothermie et du captage solaire passif pour réduire la consommation d'énergie associée au chauffage des bâtiments?[29] »

Laissons de côté notre étonnement devant les chiffres produits par le comédien militant, qui reposent sur on ne sait quelle source ou quelles recherches, pour nous attaquer à la question centrale des économies d'énergie. Comment fera-t-on pour convaincre les Québécois, grands consommateurs devant l'Éternel, de réduire leur consommation? Par l'éducation et la sensibilisation? Cette voie est employée depuis de nombreuses années déjà et, à part chez les adeptes de la simplicité volontaire, dont on conviendra qu'ils sont assez peu nombreux (quoique bruyants), elle n'a guère produit de résultats jusqu'ici. Ce qui ne veut pas dire qu'il ne faille pas persévérer, mais avec réalisme. D'ailleurs qui, à part les nantis, et ce, malgré les subventions consenties par la société d'État, peut se payer les ampoules fluocompactes (dont l'efficience est discutable et la durée peu fiable[30]) et les appareils certifiés *Energy Star*? Par la hausse des tarifs? Hydro-Québec fait face à des tollés de protestation indignée, principalement de la part des groupes de défense des démunis, dont les membres, soit dit en passant, signent les pétitions lancées par la Fondation Rivières ou par Révérence Rupert, chaque fois qu'elle se présente devant la Régie de l'énergie pour réclamer leur augmentation. Pourtant, seule une croissance forte et rapide des tarifs pourrait convaincre une majorité d'Hydro-Québécois de modérer leurs ardeurs (et de fermer leurs interrupteurs!). Mais au nom de la

---

29. Roy Dupuis, « Mes questions dérangent-elles? », http://www.ledevoir.com, 25 avril 2006.
30. Aucune des ampoules fluocompactes d'un paquet de trois de marque Noma, que j'ai achetées chez Canadian Tire, qui devaient durer cinq ans, n'a franchi le cap des sept mois malgré une utilisation tout à fait normale. Peut-on parler dans ce cas d'économies d'énergie?

protection des pauvres, auxquels l'État pourrait consentir des crédits pour en atténuer les effets, les apparatchiks des groupes populaires nous interdisent d'utiliser le seul outil qui forcerait les propriétaires de piscines et de spas, par exemple, à réduire le chauffage de l'eau destinée à leurs ablutions. Par la contrainte? À part quelques hurluberlus qui réclament une dictature écologique planétaire[31], il est douteux qu'une majorité de citoyens du Québec aspirent à la mise en place d'un État totalitaire. Alors, comment les réaliserons-nous, ces fabuleuses économies d'énergie?

M. Dupuis propose aussi des programmes nationaux de rénovation des bâtiments et de financement de la géothermie et du captage solaire. C'est fort louable, et même séduisant de prime abord. Mais quiconque a rénové sa maison ou s'est enquis des coûts d'installations géothermiques ou de panneaux solaires sait que les dépenses ainsi encourues sont faramineuses, sans compter que les économies d'énergie promises ne sont, hélas, pas toujours au rendez-vous. Comment l'État québécois, endetté jusqu'à la racine des cheveux et dont le dernier débat des chefs (mars 2007) nous aura au moins permis d'apprendre que sa marge de manœuvre financière était nulle, pourrait-il subventionner massivement ces rénovations et l'utilisation de la géothermie ainsi que du captage solaire? On aimerait bien que la réponse soit positive, mais on n'a pas besoin d'être détenteur d'un doctorat en administration publique ou d'un MBA pour savoir que ce n'est pas le cas. Et que les pseudo-solutions présentées par l'artiste engagé ne sont que de la poudre aux yeux!

En somme, malgré les cris d'orfraie poussés par les environnementalistes, le projet de dérivation de la rivière Rupert est, selon les termes de l'éditorialiste Jean-Marc Salvet, du *Soleil*, « globalement positif »[32]. Il a été approuvé par les Cris, à 70 % (taux de participa-

---

31 Cyprien Barrière, « Vivement une dictature », *La Presse*, 20 janvier 2007.
32. Jean-Marc Salvet, « Globalement positif », *Le Soleil*, 11 janvier 2007, p. 22.

tion de 58 %); il a été l'objet de recommandations favorables de la part deux commissions d'évaluation environnementales, l'une fédérale, l'autre provinciale; il « sera un excellent pourvoyeur d'emplois, en plus de permettre à de nombreuses entreprises d'ici de conserver leur maîtrise en développement hydroélectrique »[33]; en permettant le turbinage de l'eau dérivée par des centrales déjà existantes, il accroîtra l'efficience de celles-ci[34]; il produira une énergie peu polluante et renouvelable; en accroissant les exportations de la société d'État, il procurera à celle-ci des revenus supplémentaires provenant de l'extérieur (de l'argent neuf), dont une partie importante sera versée dans les coffres de l'État, lui permettant de s'acquitter plus aisément de ses tâches et notamment de financer ses programmes sociaux (ainsi que le Fonds des générations, mis en place pour rembourser la dette colossale du Québec), en plus de contribuer à une diminution, dans les provinces ou États importateurs de cet or blanc[35], des émissions polluantes d'autres sources d'énergie comme les centrales thermiques ou au charbon. À plus long terme, il permettra d'alimenter 425 000 foyers québécois supplémentaires dans un contexte de rentabilité financière pour Hydro-Québec, le coût de production étant estimé à 5,1 cents le kilowattheures[36], légèrement inférieur au tarif de base résidentiel actuel de la société (0,0529 $/KWh), nettement plus bas que le tarif pour les kilowattheures excédant les premiers 30 KWh par jour (0,0703 $/KWh), et substantiellement au-dessous des prix à l'exportation, qui dépassent les 8 cents le KWh. Et puis, la Rupert ne sera plus aussi majestueuse, mais elle survivra, pour les trappeurs et les pêcheurs comme pour les membres du *happy few* qui peuvent la descendre en raft ou en canot! En ce sens, l'opposition à la dérivation de la Rupert n'a rien de commun avec celle qui avait éclos en 1972 quand Hydro-Québec

33. *Ibid.*
34. André Pratte, « La Rupert ou rien », *La Presse,* 13 décembre 2006, p. A-30.
35. Jean-Marc Salvet, « Globalement positif », *Le Soleil,* 11 janvier 2007, p. 22.
36. Hélène Baril, « Les coûts ont déjà grimpé de 25 % », *La Presse,* 12 janvier 2007, p. A-3.

avait proposé le harnachement de la rivière Jacques-Cartier, bijou environnemental situé dans un parc provincial et à proximité relative des grands centres urbains, depuis devenue une véritable destination touristique écologique, populaire et familiale.

Au lendemain du lancement du projet par le premier ministre Jean Charest le 12 janvier 2007, les opposants se sont bien sûr fait entendre pour réclamer un moratoire, dans le but, disaient-ils, de permettre la réalisation de nouvelles études sur la contamination au mercure ou sur les solutions de remplacement possibles[37]. Soyons sérieux! Le projet Rupert a fait l'objet d'analyses, d'études et de critiques pendant cinq ans (et la nation crie l'a approuvé par référendum) avant d'être officiellement lancé. Sans compter que le développement hydroélectrique dans le Nord était en moratoire forcé depuis l'abandon du projet Grande-Baleine en 1994. À quoi servirait ce ixième moratoire, sinon à noyer le poisson? Comme on l'a vu dans le chapitre sur Rabaska et dans celui sur l'embourgeoisement des quartiers pauvres, la demande de moratoire est devenue l'arme ultime des éteignoirs, celle qu'ils utilisent quand ils ont perdu la partie. Avec le gel des tarifs des services publics, elle est devenue une sorte de mantra.

Hélas, comme on vient de le constater en analysant le discours et les motifs des opposants au projet Rupert, l'écologie est devenue une nouvelle religion, au sein de laquelle la raison et la mesure du pour et du contre n'ont pas vraiment de place, une religion « qui repose sur la foi aveugle dans tout ce que nous disent les nouveaux gourous, qui ne laisse aucune place au scepticisme et à la critique »[38]. Les écolo-extrémistes[39], comme les nomme Patrick Moore, un des co-fondateurs (depuis défroqué) de Greenpeace, sont manifestement

---

37. Réal Reid, « Rupert : pas très sérieux! – Quatre pages d'alternatives sur 2650 pages », *Le Soleil*, http://www.cyberpresse.ca, 26 janvier 2007.
38. Lysiane Gagnon, « La nouvelle religion », *La Presse*, 11 janvier 2007, p. A-23.
39. Jonathan Trudel, « L'écolo " raisonnable " », *L'actualité*, 15 avril 2007, p. 29.

incapables de comprendre qu'il doit y avoir « un équilibre entre les enjeux économiques, sociaux et environnementaux »[40].

Le dossier du détournement de la Rupert fait partie de ceux où, justement, il faut départager ces enjeux et peser le pour et le contre avec minutie. Ce qu'ont fait, n'en déplaise aux opposants, les deux commissions d'évaluation. Hydro-Québec ne détourne pas une des dernières rivières vierges de la planète par sadisme ou par inconscience. Le projet n'est peut-être pas absolument nécessaire aux yeux des militants de la Fondation Rivières, mais il est positif, même en termes environnementaux. Au lieu de brandir le critère de nécessité à chaque fois que les autorités publiques ou un promoteur lancent un projet de développement, les écolos et les éteignoirs devraient s'inspirer du politologue Raymond Aron et choisir le « préférable » plutôt que le « détestable »[41]. À défaut d'une solution énergétique miracle ou d'une conversion improbable de la majorité des citoyens à la simplicité volontaire, le préférable, en l'espèce, c'est une énergie relativement propre fournie par le projet Rupert avec des impacts environnementaux raisonnables et les importants bénéfices économiques et sociaux qui en découlent. Le détestable, c'est l'absence de développement, les centrales au charbon qui contribuent à l'augmentation des gaz à effet de serre, le refus d'utiliser à bon escient la principale richesse collective dont nous disposons. En somme, des bienfaits pour l'ensemble de la population (y compris les Cris) et pour la planète (si on pense globalement et non pas localement), ou les plaisirs solitaires de quelques rafteurs fortunés.

Laissons le mot de la fin à la journaliste Michèle Boisvert :

> « Alors que la croissance économique du Québec traîne de la patte, que les investissements stagnent et que nos régions souffrent,

---

40. *Ibid*, p. 30.
41. Raymond Aron, *L'opium des intellectuels,* Paris, Calmann-Lévy, 1955, 356 p.

un chantier de cette envergure ne peut être que bienvenu. D'autant plus qu'il s'agit de développement économique basé sur une ressource propre, renouvelable, créatrice de richesse et qui contribuera, sur une base continentale, à réduire les gaz à effets de serre[42] ».

---

42. Michèle Boisvert, «Le projet de la décennie», *La Presse,* 12 janvier 2007, p. A-3.

CHAPITRE 7

Les droits de scolarité :
le corporatisme borné
des nantis de demain[1]

L e « nonisme » ne s'exprime pas seulement par le refus des projets de développement économique, immobilier ou hydroélectrique, comme illustré dans les chapitres précédents. Il peut à l'occasion prendre la forme d'un immobilisme foncier qui refuse au gouvernement une part de son droit de gestion des finances publiques, qui lui a été pourtant légitimement accordé par le processus électoral, au nom d'une conception bancale de la justice sociale. Or, comme ce fut le cas avec la hausse des frais des centres de la petite enfance en 2003 (de cinq dollars à sept dollars) et comme cela se reproduit à chaque demande d'augmentation des tarifs de consommation de l'hydroélectricité par Hydro-Québec depuis qu'ils ont été dégelés en janvier 2004, l'argumentation des opposants dénote un grave manque de vision globale et recèle un égoïsme social qui ne dit pas son nom. La question des droits de scolarité illustre cette myopie funeste et démontre une fois de plus que les défenseurs du gel (et de la gratuité dans ce cas) pataugent allègrement dans le corporatisme et le conservatisme alors qu'ils se présentent comme des partisans du progrès et de la justice.

---

1. Ce chapitre reprend en partie, en l'enrichissant, un de mes textes, intitulé « Les arguments spécieux du mouvement étudiant », publié dans *Le Soleil* du jeudi 28 avril 2005, en page A-17.

Depuis plusieurs années déjà, le mouvement étudiant québécois ne revendique plus seulement le gel des frais de scolarité, qui leur a été gracieusement accordé en 1994 par le gouvernement Parizeau, mais la gratuité scolaire. Précisons d'abord que cette revendication n'est pas le fait de l'ensemble ni même de la majorité des étudiants des cégeps et universités, qui en privé sont généralement réalistes et « parlables », mais de sa frange extrémiste, qui tient un discours complètement déconnecté où se mêlent un corporatisme maquillé en progressisme, un anticapitalisme primaire, un anarchisme qui ne dit pas son nom, une solidarité à sens unique avec le mouvement syndical et un altermondialisme fleur bleue, comme en témoignent les principes sur lesquels est fondée l'Association pour une solidarité syndicale étudiante (ASSÉ) :

1. pour une éducation publique, gratuite, laïque, de qualité, accessible et non discriminatoire;
2. pour un régime d'aide financière adéquat ayant pour but d'éliminer l'endettement étudiant et d'assurer la satisfaction des besoins fondamentaux;
3. pour un réseau d'éducation public libre de toute ingérence de l'entreprise privée, y compris la sous-traitance;
4. pour la démocratisation des institutions d'enseignement dans une perspective d'autogestion;
5. pour une solidarité syndicale avec toute lutte internationale progressiste visant le mieux-être de la société;
6. contre toute forme de mondialisation qui entérine la prédominance du profit sur le bien-être de la population[2].

La haine de l'entreprise privée et du profit (qu'on oppose au bien-être de la population!) ressort nettement de cette déclaration de principes, de même qu'un certain utopisme que n'auraient pas renié

---

2. Voir www.asse-solidarite.qc.ca

Fourier ou Proudhon, notamment quand on y associe éducation « gratuite » avec éducation « de qualité » ou quand on y réclame une aide financière suffisante pour assurer la satisfaction des « besoins fondamentaux » de l'étudiant, dont l'absence de définition, à l'époque des téléphones cellulaires, des iPod et autres Playstation III, ne manque pas d'inquiéter. Un tel salmigondis prêterait à la risée si ces « décalés du cosmos » ne s'étaient pas emparés des postes de commande d'une partie du mouvement étudiant en noyautant les conseils de direction des associations étudiantes d'un certain nombre d'établissements d'enseignement, profitant pour ce faire de l'apathie et du désintérêt de l'immense majorité des étudiants pour ces joutes et débats qu'ils jugent inutiles et stériles (au Cégep François-Xavier-Garneau, où j'enseigne, les assemblées générales attirent en général moins de 100 élèves sur plus de 6000[3], et ce, bien que le conseil de direction les tienne en pleine salle des pas perdus à l'heure du midi).

La décision du premier ministre Parizeau de geler les frais de scolarité en 1994 avait comme objectif sous-jacent d'inciter les étudiants à voter « oui » lors du référendum sur la souveraineté du Québec qu'il préparait alors. Motivée essentiellement par l'obsession souverainiste, cette décision est l'une des plus dommageables à avoir été prise par le gouvernement du Québec depuis la Révolution tranquille. À côté de cela, la privatisation partielle du mont Orford (depuis abandonnée), la modification de l'article 45 du Code du travail facilitant la sous-traitance et la volonté de créer une centrale au gaz (le Suroît; elle aussi abandonnée), qui ont valu au gouvernement Charest d'importantes manifestations et la haine inextinguible d'une partie de l'opinion publique, ne sont que des pets de nonnes. Et pourtant, la

---

3. Sauf bien sûr pendant la crise de l'automne 2004, alors que les étudiants protestaient contre la décision du gouvernement Charest de transformer 103 M$ du montant accordé annuellement en bourses en prêts. Le chiffre en soi et l'impression chez les étudiants que le gouvernement venait piger directement dans leurs poches a provoqué un accès de fièvre dans la plupart des cégeps et universités du Québec, jusqu'à ce que le gouvernement recule. Depuis, l'assistance aux assemblées générales est revenue à la normale (moins de 3 % du total des étudiants inscrits).

mesure a été accueillie, dans l'ensemble de la population, par un haussement d'épaules indifférent et n'a reçu qu'un aval tiède chez les étudiants, qui la voyaient non pas comme un gain, mais comme la juste reconnaissance de leurs droits inaliénables. Elle coûtait pourtant près de 447 M$ par année aux universités québécoises en 2005, selon des chiffres rendus publics par Alain Dubuc, montant que celles-ci toucheraient « si leurs droits de scolarité rejoignaient la moyenne canadienne » [4].

Bien entendu, l'État, qui peine à joindre les deux bouts depuis plusieurs années déjà malgré l'étranglement fiscal des contribuables québécois, ne compensait pas ce manque à gagner, qui allait croissant chaque année que le gel se prolongeait. Avec toutes les conséquences sur la qualité de l'enseignement, le recrutement des professeurs, l'équipement des classes et des laboratoires, etc., que l'on peut deviner. Le Québec n'en était pas encore rendu au niveau de la France, où l'enseignant doit le plus souvent se contenter d'un tableau d'ardoise et d'une craie (quand les employés de soutien ne sont pas en grève), où les professeurs n'ont pas de bureau pour accueillir leurs étudiants, et où certains locaux sont fermés l'hiver faute de chauffage, mais il y courait hardiment avant que le gouvernement Charest ne décide enfin au printemps 2007 d'une augmentation de 50 $ par session à partir de l'automne suivant (pour une augmentation totale de 300 $ à la sixième session de ce programme de dégel, soit à l'hiver 2010). Avant ce geste courageux quoique timide, les principaux partis de gouvernement (PLQ et PQ) maintenaient le gel moins par conviction que par crainte de la réaction de l'électorat étudiant, même si rien ne prouve qu'une telle décision aurait eu une incidence sur les intentions de vote de ce dernier, malgré les rodomontades de ses soi-disant leaders. Bien entendu, les principaux leaders étudiants ont promis au gouvernement Charest, après la mise

---

4. Alain Dubuc, « Pendant ce temps, sur la planète Mars », *La Presse*, 9 mars 2005.

en place de la mesure, un « automne chaud », avec une grève générale illimitée (leur fantasme récurrent) à la clé, comme nous l'apprenait dans un texte on ne peut plus nuancé d'un des camarades de l'ASSÉ à l'annonce du dégel en juin 2007 :

> « L'Association pour une Solidarité Syndicale Étudiante (ASSÉ) rejette catégoriquement la hausse des frais de scolarité annoncée pour une énième fois aujourd'hui par la ministre Courchesne et entend bien la combattre par tous les moyens nécessaires dès cet automne. Que le gouvernement libéral cherche à justifier le dégel par des réinvestissements dérisoires au collégial et dans l'aide financière aux études est une manœuvre peu subtile que la population étudiante ne tolérera pas! [...]. Le gouvernement Charest minoritaire vient donc de démontrer une fois de plus son mépris total pour l'opinion des étudiantes et étudiants. « L'ASSÉ n'a jamais accepté et n'acceptera jamais l'important recul que constitue le dégel à la hausse des frais de scolarité pour l'accessibilité aux études. Le seul dégel souhaitable pour l'avenir du Québec est à la baisse, vers la gratuité scolaire! » déclare Hubert Gendron-Blais, secrétaire aux communications de l'ASSÉ. Les réinvestissements annoncés cette semaine par la ministre Courchesne ne font pas le poids face à la tendance lourde qu'est la déresponsabilisation de l'État dans les services publics. La bien maigre bonification des prêts et bourses annoncée ne résout en rien le problème de l'endettement étudiant. Par ailleurs, l'argent neuf annoncé pour le réseau collégial est dédié entièrement au béton et au remplacement du matériel vétuste de nos collèges, suivant à peine la hausse des coûts de système. Rien n'est fait pour une réforme en profondeur du régime d'aide financière aux études, pour l'amélioration des services et ressources générales des établissements ou pour l'adaptation des services de garde aux besoins des parents-étudiants. C'est par un réinvestissement public massif dans la qualité et l'accessibilité de l'éducation que nous parviendrons à régler ces problèmes criants. L'ASSÉ et ses

associations membres s'organisent depuis déjà 2 mois pour contrer cette attaque prévisible en préparant une grève générale illimitée pour l'automne »[5].

Dans un numéro spécial (2006-2007) de la revue *Ultimatum*[6], un certain nombre d'étudiants membres de l'ASSÉ définissent les principes de la gratuité scolaire, expliquent comment celle-ci serait possible, et dénoncent rien de moins que « l'asservissement de l'Éducation au capital »[7]. Outre la mine patibulaire des étudiants dont la photographie orne la couverture, lesquels ressemblent davantage à des nervis qu'à des jeunes gens avides de savoir, on remarquera le nombre astronomique de fautes de français (d'orthographe, de grammaire, de syntaxe et de sémantique) qui émaillent leurs textes, et ce, en dépit de l'indication, au bas de la table des matières, que six personnes étaient responsables de la correction de ceux-ci. On a peine à imaginer la première version. Une âme non charitable pourrait écrire que ces jeunes auteurs et correcteurs auraient mieux utilisé leur temps en suivant assidûment leurs cours de français qu'en militant dans une association vouée à la propagation de la doctrine anarchiste et au renversement de l'ordre établi!

Dans un article intitulé « Principe et définition de la gratuité scolaire »[8], Marianita Hamel, étudiante au Cégep de Sherbrooke, nous présente la gratuité scolaire comme « l'idéal d'un système d'éducation où toutes et tous peuvent poursuivre des études au-delà du secondaire sans se soucier des contraintes économiques »[9]. Parce que,

---

5. http://www.asse-solidarite.qc.ca/spip.php?article746&lang=fr
6. On remarquera en passant que désormais, les mouvements de contestation, qu'ils soient formés de jeunes ou non, ne font plus de « demandes » et encore moins de « requêtes » ou de « suppliques » aux gouvernements. Désormais, on réclame et même on « exige », tellement certains de notre bon droit et de l'irréfragable justesse de nos revendications qu'on oublie que le gouvernement doit nécessairement arbitrer entre les demandes des divers segments de la population (dont les intérêts ne sont pas tous les mêmes, n'en déplaise aux équarrisseurs de la gauche) et juger de la pertinence des demandes qu'on lui soumet.
7. « Un réinvestissement, pas n'importe comment », *Ultimatum*, 2006-2007.
8. Marianita Hamel, « Principe et définition de la gratuité scolaire », *Ultimatum*, 2006-2007, p. 6-7.
9. *Ibid.*, p. 6.

bien sûr, l'éducation est un droit et non « un privilège réservé à la classe aisée de la société »[10]. Après cet énoncé de poncifs, mademoiselle Hamel poursuit en nous expliquant en quoi consiste la gratuité scolaire. Pour atteindre cet idéal, nous dit-elle, « il faudrait minimalement une abolition des frais des droits (sic) de scolarité, droits d'admission, frais d'inscription et tous les autres frais pouvant être chargés (re-sic) à un étudiant ou à une étudiante avant même d'être assis ou assise sur les bancs d'école (ouf!) »[11]. Elle estime le coût de la réalisation de cet idéal, pour les cégeps et les universités, à 500 millions de dollars par année. Mais attention, cette abolition n'est qu'un « bon début ». « Qu'avons-nous aussi besoin pour étudier? », nous demande-t-elle dans son français approximatif? De matériel scolaire, bien sûr, qui représenterait 44 % du coût total des frais reliés aux études au collège et 21 % à l'université, ce pour quoi « il est plus que nécessaire d'inclure son coût à la liste »[12]. Mais ce n'est pas tout, ajoute-t-elle sentencieusement. La personne qui est aux études possède le statut d'étudiant, mais contrairement à celle qui possède le statut de travailleur, elle n'est pas rémunérée. Or, il lui faut se loger, se vêtir et se nourrir. Il faut donc instaurer le salariat étudiant « dans l'optique d'une réelle égalité des chances pour l'accessibilité aux études post-secondaires »[13]. À la lecture de son texte, certains esprits mal intentionnés pourraient taxer mademoiselle Hamel de corporatisme ou même d'égoïsme. Mais il n'en est rien, comme elle nous le démontre en offrant de partager « ce beau système d'éducation » gratuit et même salarié avec « les étrangers et les étrangères qui dans leur pays n'ont pas la chance d'accéder aux études supérieures »[14]. Quel touchant exemple de solidarité planétaire : le Québec terre d'accueil de tous les damnés de la Terre qui pourront y acquérir une éducation « de qualité » gratuite et même jouir d'émoluments pour

---

10. *Ibid.*
11. *Ibid.*
12. *Ibid.*
13. *Ibid.*, p. 7.
14. *Ibid.*

leurs efforts méritoires. Ainsi pourront-ils, à l'issue de leurs études (à moins qu'ils ne décident de les poursuivre *ad vitam æternam* pour jouir pleinement des fruits de ce modèle québécois mouture altermondialiste), retourner dans leur pays, qu'ils feront profiter de leur formation acquise en vertu d'une coopération internationale sans égal, même à l'époque de l'Université des Peuples de l'ex-URSS, en chantant les louanges des contribuables québécois haut et fort, du moins ose-t-on l'espérer.

Les grincheux de la droite néolibérale (qui, c'est bien connu, prônent l'asservissement de l'éducation au capital et piétinent sans merci la solidarité la plus élémentaire) voudront sans doute demander à mademoiselle Hamel d'où proviendront les fonds nécessaires pour financer sa belle conception généreuse et altruiste de la gratuité scolaire. N'ayez crainte, elle y a déjà pensé : chez les riches, évidemment, particulièrement grâce à la lutte contre l'évasion fiscale que pratiquent sans vergogne les grandes entreprises, comme la prêche son mentor Léo-Paul Lauzon[15], qui prône une augmentation du taux d'imposition des 4 000 plus grandes entreprises au Québec de 1,7 % à 8,9 %, ce qui procurerait 4 G$ de plus annuellement au gouvernement du Québec. Donc, « nul besoin d'augmenter les impôts des particuliers et particulières ou de gérer des coupures dans les programmes sociaux »[16]. Devant tant d'audace et de créativité fiscales, le lecteur d'*Ultimatum* est baba, tandis que le contribuable pousse un soupir de soulagement. On se demande pourquoi les ministres des Finances, ces invertébrés décérébrés et intoxiqués par le néolibéralisme, n'y ont pas pensé avant.

Dans le même numéro d'*Ultimatum*, Jean-Christophe Gascon, étudiant à l'UQAM, nous explique qu'il n'y a pas de problème de création de richesse au Québec, mais un simple problème de « redis-

---

15. Léo-Paul Lauzon, « La gratuité scolaire est au fond des grosses poches », *L'Aut' journal*.
16. Marianita Hamel, « Principe et définition de la gratuité scolaire », *Ultimatum*, 2006-2007, p. 6.

tribution »[17]. « Et voilà pourquoi votre fille est muette », aurait dit Sganarelle. Gascon semble faire peu de cas du fait que le PIB du Québec lui vaut le 56ᵉ rang sur 60 quand on additionne les provinces canadiennes et les États américains. Il nous donne néanmoins une série d'exemples de ce que nous pourrions faire « à ce niveau » (sic) : « Mettre fin au bien-être social pour les riches »; « Ramener les taux d'imposition des entreprises à leur juste niveau »; « Faire payer aux riches et aux entreprises leur juste part d'impôts »; « S'attaquer aux paradis fiscaux »; et « S'attaquer aux différents abris fiscaux »[18], toutes des mesures largement inspirées de divers brûlots du très médiatisé professeur de comptabilité Léo-Paul Lauzon. Pourtant, l'économiste Pierre Fortin nous rappelle que les familles ayant gagné 75 000 $ en moyenne en 2003 ont payé 24 % (soit 18 000 $ chacune) de ces revenus en impôt et que, « dans la plupart des autres États d'Amérique du Nord, les riches sont [...] plus fortunés et moins taxés que ceux du Québec »[19]. Fortin démontre aussi, en collaboration avec les chercheurs Luc Godbout et Suzie St-Cerny, de la chaire de recherche en fiscalité et en finances publiques de l'Université de Sherbrooke, qu'« au Québec, les gouvernements taxent de plus en plus les profits des entreprises », que « la quasi-totalité des entreprises québécoises paient des impôts », que « les entreprises québécoises versent beaucoup plus d'impôts au gouvernement du Québec qu'elles en reçoivent de subventions », et que « les impôts des entreprises pèsent de plus en plus lourd dans les revenus fiscaux des gouverne-ments et dans le revenu intérieur total du pays »[20]. En somme, contrairement aux affirmations populistes et simplistes du tandem de professeurs en comptabilité de l'UQAM[21], ces chercheurs prouvent

---

17. Jean-Christophe Gascon, « Comment la gratuité scolaire serait-elle possible? », *Ultimatum*, 2006-2007, p. 10.
18. *Ibid*, p. 10-11.
19. Pierre Fortin, « Comment faire payer les riches », *L'actualité*, 1ᵉʳ juin 2006, p. 96.
20. Luc Godbout, Pierre Fortin et Suzie St-Cerny, *La défiscalisation des entreprises au Québec est un mythe. Pour aller au-delà de la croyance populaire*, Université de Sherbrooke, octobre 2006, p. ii.
21. www.usherbrooke.ca/adm/recherche/chairefiscalite/publications/cahiers/Defiscalisation-des-entreprises(04-10-06).pdf

notamment que « contrairement à l'opinion répandue, le fardeau fiscal des sociétés québécoises n'a pas diminué depuis 20 ou 40 ans, mais considérablement augmenté »[22]. Outre la sempiternelle théorie du complot, qui voudrait que les gouvernements soient de mèche avec les grandes entreprises (ou même contrôlés par celles-ci) pour faire en sorte qu'elles ne paient pas leur « juste part » d'impôts, les arguments de Lauzon et consorts ne reposent que sur du vent. Et le Grand Tribunal de la Justice immanente n'a pas encore déterminé, à ma connaissance du moins, quelle est cette « juste part » d'impôts que les acteurs de notre société, entreprises comme travailleurs, doivent payer. Dans son infinie sapience, M. Gascon a quant à lui décidé que ça devait être plus. So-so-so !

Les leaders du mouvement étudiant réclament une éducation de qualité, mais prônent le gel des frais de scolarité et même la gratuité. Et ils ne voient nulle contradiction dans leurs extravagantes exigences. Pourtant, quelqu'un, quelque part, doit nécessairement casquer, comme disent nos cousins. Les gouvernements ont longtemps favorisé la position du mouvement étudiant dans ce dossier, mais le vent a tourné en 2007[23], deux des trois principaux partis en lice pour les élections de mars, le PLQ et l'ADQ, favorisant le dégel. Le gouvernement minoritaire de Jean Charest a décidé d'une augmentation modeste et graduelle des frais à compter de l'automne 2007. Les leaders étudiants se sont insurgés et nous les entendrons dénoncer cette mesure néolibérale haut et fort sur toutes les tribunes pendant de nombreuses années encore. Arguant de la pauvreté des étudiants et de la nécessité pour une société moderne de favoriser l'éducation de ses citoyens, ils s'opposent farouchement à toute mesure qui aurait pour effet d'augmenter la quote-part de leurs

---

22. Michèle Boisvert, « Déboulonner un mythe », *La Presse*, 6 octobre 2006, p. 5 (*La Presse Affaires*).
23. Suite à l'insistance, depuis quelques années, de quelques chroniqueurs comme Alain Dubuc et Katia Gagnon, et aux appels à l'aide des recteurs d'universités. Voir Marie Allard et Malorie Beauchemin, « Des recteurs crient au secours... », *La Presse*, 8 février 2007, p. A-8.

commettants. Ce refus global s'appuie sur un certain nombre d'arguments qui ont l'apparence de la logique, mais dont la plupart ne résistent pas à l'examen.

Le problème de fond réside en fait dans leur corporatisme rétrograde, eux qui refusent que les étudiants universitaires paient un cent de plus pour leurs études depuis nombre d'années déjà, et qui ne proposent aucune solution valable, autre que la rengaine sur la nécessité d'un « réinvestissement massif » des gouvernements, pour améliorer le sort des universités et du système d'éducation supérieur dans son ensemble. Depuis 1994, le blocage du mouvement étudiant sur cette question s'est aggravé, le gel étant devenu un dogme, la gratuité, comme on l'a vu, un idéal. Le gel des droits, mesure absurde et démagogique, a rendu pratiquement impossible pour les gouvernements qui ont suivi de mettre en place des mécanismes d'augmentation raisonnable de ces frais, ne serait-ce que pour suivre la hausse des prix à la consommation. Rappelons que les étudiants des universités du Québec payaient, en 2004-2005, environ 1 890 $ par année en droits de scolarité alors que la moyenne canadienne (incluant le Québec) était de 4 172 $[24]. Le gel n'a, de plus, produit aucun effet positif mesurable ou significatif sur la fréquentation des établissements d'enseignement supérieur par les jeunes Québécois. Comme l'écrit André Pratte :

> « Les statistiques sont incontestables. Malgré le gel, les jeunes Québécois sont moins nombreux à étudier à l'université que les Canadiens des autres provinces, où les droits sont deux à trois fois plus élevés. Il est vrai que les jeunes venant de milieux aisés s'inscrivent en plus grand nombre à l'université. Mais, comme le montre une récente étude de Statistique Canada, ce phénomène

---

24. Claude Picher, « Les étudiants les plus favorisés au Canada », *La Presse Affaires*, 8 mars 2005, p. 5. Ces chiffres proviennent de Statistique Canada.

s'explique beaucoup plus par des facteurs familiaux et scolaires que par des contraintes financières. Des données [...] indiquent d'ailleurs que l'écart entre le taux de fréquentation des jeunes des milieux aisés et celui des jeunes de milieux démunis n'est pas moins grand au Québec que dans les autres provinces[25] ».

Quels sont donc les principaux arguments avancés par les leaders étudiants pour défendre le gel et quelle est leur valeur respective? En voici une brève analyse.

L'argument massue, celui devant lequel tous les partisans d'une hausse des frais de scolarité devraient plier l'échine, c'est celui de l'accessibilité. C'est le raisonnement spécieux par excellence. En effet, il semble aller de soi qu'une hausse des frais limitera l'accessibilité aux études supérieures, pour les étudiants issus de milieux défavorisés en particulier. Or, les études démontrent qu'il n'y a que peu de liens entre le niveau des frais de scolarité et l'accessibilité aux études supérieures : on estime que le coût des études universitaires constituerait une barrière pour à peine 12 % des étudiants[26]. Elles tendent au contraire à ne montrer que les autres facteurs (échecs scolaires répétés, faible valorisation de l'éducation par le milieu familial et social; niveau de vie des parents, goût de gagner de l'argent et de se payer des biens de luxe rapidement; etc.) sont plus importants que les droits de scolarité[27]. Selon Marc Frenette, de Statistique Canada, « les familles à faible revenu [...] achètent moins souvent de livres, vont moins souvent au musée, les parents insistent moins sur l'importance des études universitaires. Ce sont là des hypothèses pour expliquer que les jeunes des milieux défavorisés ont

---

25. André Pratte, « Vers un dégel », *La Presse*, 18 février 2007, p. A-14.
26. Yves Boisvert, « Droits de scolarité : pour sortir des clichés », *La Presse*, 2 avril 2007, p. A-5.
27. Selon une étude des Réseaux canadiens de recherche en politiques publiques, citée dans Alain Dubuc, « Études, équité et argent », *Le Soleil*, 30 mars 2005, p. A-16.

de moins bons résultats scolaires »[28]. On pourra bien sûr faire témoigner devant les médias des étudiants qui jureront, la main sur le cœur, qu'une hausse des frais les amènera à remettre en question leur décision de poursuivre leurs études. Mais, outre le fait qu'il s'agit toujours de cas individuels, cet argument ne tient pas compte de l'aide financière des gouvernements aux étudiants à faible revenu non plus que des bourses accordées par divers organismes ou fondations aux étudiants méritants. Il ne tient pas compte non plus du fait que ce sont les enfants des familles plus aisées qui fréquentent majoritairement les universités (deux contre un en proportion par rapport aux étudiants issus de familles pauvres)[29].

Le second argument, faisant appel aux nobles sentiments qui nous habitent tous, est celui de la pauvreté des étudiants, auxquels il serait certes cruel de faire porter une charge plus lourde. Il est patent que les étudiants dans leur ensemble ne constituent pas le groupe le plus riche de la société québécoise. Mais cet argument néglige les différences de statut social entre les étudiants, qui ne sont pas tous des miséreux comme en témoignent les habitudes de consommation de certains et le nombre d'automobiles sur les stationnements des campus (les étudiants du Cégep François-Xavier-Garneau qui ne possèdent pas de téléphone cellulaire ni de lecteur MP3 sont une minorité... invisible). De plus, il oublie carrément que le statut d'étudiant n'est pas un statut permanent, mais une situation temporaire (sauf pour les éternels étudiants, qui constituent heureusement une petite minorité!). Une grande partie des pauvres étudiants d'aujourd'hui feront partie de la classe moyenne et même de la classe supérieure de demain (et ils se remémoreront alors avec attendrissement leurs années d'études comme l'âge d'or de la bohême!). Les

---

28. Malorie Beauchemin, « L'argent n'est pas un obstacle majeur à l'accès à l'université », *La Presse*, 9 février 2007, p. A-8.
29. Robert Lacroix et Michel Trahan (Cirano), *Le Québec et les droits de scolarité universitaire*, février 2007, cirano.qc.ca

études sur le placement démontrent d'ailleurs que le chômeur instruit (celui qui possède un diplôme universitaire) est un mythe : une immense majorité de diplômés se trouve un emploi correspondant *grosso modo* à ses compétences.

Le troisième argument est le plus frappant, et il est utilisé *ad nauseam* par les associations étudiantes. C'est celui de la dette moyenne dont sera accablé l'étudiant au sortir de ses études universitaires, chiffrée à environ 12 300 $ en 2003. Mentionnons tout de même que seulement 40 % des étudiants du Québec s'endettent à cause de celles-ci. Tout le monde reconnaît que commencer sa carrière avec une dette à éponger n'est pas une situation idéale. Mais ce n'est pas la fin du monde non plus. En effet, une partie de cette dette est inévitable, puisqu'elle provient des dépenses des étudiants des régions éloignées, qui doivent quitter leur famille dès le cégep ou à l'université. Ce sont donc des frais alimentaires, que quelqu'un (leurs parents, en l'occurrence) aurait assumés de toute manière. Revient-il à l'ensemble des contribuables de loger et de nourrir ces étudiants? La question mérite d'être posée. De plus, toute personne de bonne foi reconnaîtra que les dépenses encourues pour faire des études (logement, alimentation, transport, fournitures scolaires, droits de scolarité, etc.) constituent en quelque sorte un investissement qui sera rapidement et largement compensé par les revenus plus élevés qu'obtiendront les diplômés sur le marché du travail. Est-il normal que le salarié québécois moyen paie les études de ceux qui demain seront avocats, architectes ou médecins et qui gagneront beaucoup plus que lui? Ce transfert fiscal, maquillé en solidarité, est inique.

Le mouvement étudiant avance aussi que l'éducation rapporte plus à la société qu'aux diplômés eux-mêmes. Ce raisonnement comporte une part de validité, mais il masque l'essentiel : à savoir que les étudiants fréquentent les cégeps et les universités d'abord et avant tout pour améliorer leur situation personnelle. Il est normal que les contribuables d'une société civilisée participent à la mise en place d'un réseau scolaire viable, qui est un atout pour celle-ci. Mais peut-être pas (en Amérique du Nord à tout le moins) qu'ils assument toute la facture ou même une part aussi importante qu'actuellement (plus de 80 % du coût des études supérieures). La proposition du mouvement étudiant de geler les frais de scolarité ou même de les abolir constitue un transfert de richesse i-nac-cep-ta-ble (comme ses leaders le disent si souvent) des poches des gagne-petit et de la classe moyenne vers les étudiants d'aujourd'hui, qui seront demain en majorité membres des classes moyenne et supérieure. Leur argument massue : « nous nous opposons à la marchandisation de l'Éducation ». Mais l'Éducation, quoi qu'en disent ces Tartuffe, EST une marchandise : la valeur des diplômes est comparée par les étudiants quand ils choisissent une institution plutôt qu'une autre; un des critères des comités qui accordent des subventions aux universités est le taux de « diplomation » de celles-ci et la valeur de ces papiers; le fait de posséder un diplôme (qu'il soit de niveau secondaire, collégial ou universitaire) augmente la valeur marchande de son détenteur sur le marché du travail et lui permet d'obtenir des revenus supérieurs à ses camarades décrocheurs; et certains diplômes garantissent à 100 % un emploi dans le domaine d'études dans les quelques mois qui suivent la fin des études. En effet, en dépit de leur leitmotiv insignifiant, les leaders du mouvement étudiant seraient bien avisés de prendre note des statistiques suivantes : selon Statistique Canada (données du recensement de 2001), l'individu n'ayant pas complété ses études secondaires gagnait en moyenne 21 200 $ par année, tandis que le détenteur d'un diplôme collégial en gagnait 32 700 $, et celui qui se prévalait d'un diplôme universitaire plus de 48 600 $. Et ce, pour une période de 35 ans en moyenne. Ce qui signifie que l'universitaire gagnera, au cours de sa carrière, près de 1 M$ (959 000 $) de plus que le décrocheur qui n'a pas fini son secondaire (dollars de 2001). Je ne sais si l'Éducation est une marchandise, mais il m'apparaît clair que les diplômes ont une valeur marchande!

Cet argument est complété par celui qui prétend que le gel des frais de scolarité (ou la gratuité scolaire) est une cause noble et progressiste parce qu'il aide les démunis et qu'il contribue à une société plus juste. Cet argument est le plus fallacieux, pour ne par dire le plus hypocrite de l'ensemble. En effet, des frais de scolarité bas ou inexistants n'aident pas en priorité les étudiants d'humble origine, qui ne fréquentent, hélas, que très marginalement les établissements d'enseignement supérieurs. Ils constituent plutôt une subvention aux étudiants des classes moyennes et supérieures qui y sont majoritaires et ont les moyens de payer plus. Pourquoi le jeune issu d'Outremont ou de Sillery qui fait des études universitaires ne contribuerait-il pas davantage, puisque ses études lui permettront de maintenir sinon d'améliorer son statut social et ses revenus? Et pourquoi les étudiants en médecine ou en dentisterie, dont la formation coûte beaucoup plus cher et dont les revenus anticipés sont nettement plus importants, ne paieraient-ils pas des frais de scolarité plus élevés que les étudiants en sciences sociales et humaines, véritables vaches à lait du système[30]? Les étudiants capables de payer (et leurs parents) sont morts de rire jusqu'à la banque, comme on dit, devant la débilité du raisonnement des leaders étudiants sur ce point. Et la justice sociale se retrouve avec un œil au beurre noir. Comme l'écrit Alain Dubuc : « La vraie justice, ce serait de concentrer les ressources pour venir en aide à ceux qui en ont vraiment besoin. Un système où les frais de scolarité augmentent mais où l'aide aux moins fortunés est accrue répondrait bien plus à ces impératifs d'équité[31] ».

Il est aussi difficile de comprendre que le mouvement étudiant soit à ce point crispé sur le gel ou l'abolition des frais quand on pense que les étudiants de 2005 payaient, en dollars constants, moitié moins que leurs devanciers (leurs parents, en fait) des années 1970 (frais

---

30. Yves Boisvert (reprenant les arguments de Cirano), « Droits de scolarité: pour sortir des clichés », *La Presse*, 2 avril 2007, p. A-5.
31. Alain Dubuc, « Prêts et bourses : une bien mauvaise bataille », *Le Soleil*, 12 novembre 2004.

moyens de 547 $ par session à plein temps, qui équivaudraient à plus de 3 500 $ aujourd'hui). Comment justifier une telle situation? Les étudiants des années 70 étaient-ils étranglés par ces frais? Ont-ils été incapables de fonder des familles et de lancer des entreprises? Ont-ils tous déclaré faillite? La société québécoise s'est-elle enfoncée dans l'analphabétisme et l'ignorance? Alors qu'on accuse aujourd'hui les *baby-boomers* de tous les maux, notamment d'avoir littéralement pillé le trésor public à leur avantage, ne pourrait-on à la fois reconnaître leur contribution à cet égard et rétablir l'équité intergénérationnelle en haussant les frais à un niveau comparable à ceux qu'ils payaient?

Pour soutenir leurs arguments, les leaders étudiants avancent des exemples de sociétés où les frais seraient faibles ou même inexistants[32]. Outre le fait que ces modèles sont plus ou moins bien connus ici, ce qui autorise toutes les approximations, ces comparaisons sont le plus souvent boiteuses. Ainsi, dans les années 1990, s'appuyaient-ils sur le modèle français, présenté comme un paradis estudiantin. Des études sérieuses ont depuis démontré que ce modèle est tout sauf idyllique avec ses locaux et ses équipements désuets, ses enseignants non disponibles, ses services inexistants et ses grandes écoles réservées à l'élite (dont les rejetons doivent en outre subir une sélection impitoyable et payer, le plus souvent, de lourds frais de scolarité) pour ne nommer que ces tares. Sait-on, dans les officines des associations étudiantes, pour ne citer que cet exemple, que la moitié de la bibliothèque du prestigieux Institut d'Études politiques de Paris est fermée en janvier et en février parce qu'il n'y a pas de chauffage? Alors on s'est rabattu sur la Suède, la Norvège ou la Finlande. Un des leaders de la CASSÉE louangeait, lors d'un débat télévisé, le modèle finlandais, négligeant de dire que seuls 30 % des étudiants faisant une demande d'admission à l'université

---

32. Voir Émilie Côté *et al.*, «Les étudiants québécois mieux traits qu'ailleurs au Canada... mais moins bien qu'en Europe», *La Presse*, 29 mars 2005, p. A-3.

(gratuite) y sont reçus (23 000 sur un total de 66 000 candidats par an[33]) : accepterait-il cet élagage féroce en échange de la gratuité? Sans doute faudrait-il aussi faire quelques recherches avant de souscrire béatement aux louanges adressées à la Slovénie, à l'Irlande, à l'Écosse et à la Suède (dont il faut, à son avis et en utilisant la langue de bois à la soviétique, « brandir les exemples ») comme Martine Poulin de l'ASSÉ[34]. Il est tout de même curieux que les leaders étudiants favorisent les rapprochements avec des modèles européens, sud-américains ou même asiatiques, où sociétés et fiscalités sont difficilement comparables avec les nôtres, alors qu'ils refusent systématiquement tout parallèle avec les autres provinces canadiennes et surtout avec les États-Unis, pourtant beaucoup plus semblables à nous. Aucun des leaders étudiants n'a jamais eu l'honnêteté de reconnaître que le taux de fréquentation universitaire est 17 % plus élevé aux États-Unis, où les frais sont comme on le sait substantiels, qu'en France, où c'est pourtant gratuit (sauf pour la majorité des grandes écoles)[35]! De toute façon, est-il normal que l'étudiant québécois paie en droits de scolarité 39 % de la moyenne canadienne (Québec exclu), pour un diplôme qui a la même valeur sur le marché nord-américain?

Les étudiants aiment aussi dire que le gel des frais de scolarité (ou leurs taux beaucoup moins élevés ici que dans le reste du Canada et de l'Amérique du Nord) constitue un choix de société. C'est l'argument syndicalo-corporatiste par excellence, qui prétend que le modèle québécois est le meilleur et est soutenu par un consensus social, ce qui interdirait tout changement (sauf dans le sens de l'annulation de ces frais, qu'ils assimilent on ne sait pourquoi à une forme de solidarité). Le mouvement étudiant aime bien se fonder sur des sondages pour appuyer cet argument. Mais quelle est la valeur

33. Marie Allard, *op. cit.*.
34. Martine Poulin, « À contre courant: la gratuité scolaire dans le monde », *Ultimatum*, 2006-2007, p. 9.
35. Lysiane Gagnon, « Répétition générale », *La Presse*, 19 mars 2005, p. A-24.

d'un sondage sur le rapport entre l'impôt des particuliers et les dépenses en éducation quand on sait que 42 % des Québécois ne paient aucun impôt et que 10 % n'en paient presque pas? Un sondage mené après une campagne d'information objective sur les dépenses et le partage des frais en éducation et qui tiendrait compte de cet élément révélerait sans doute autre chose sur ce « choix de société » que ce qu'en disent les étudiants. Un véritable débat de société bien étayé sur cette question saperait rapidement la crédibilité des partisans du gel ou de la gratuité, qui n'auraient aucun argument sérieux à opposer à leurs contradicteurs, outre une compassion naïve à l'endroit de ces « jeunes démunis d'aujourd'hui » qui seront les hauts salariés de demain.

Il est heureux que le gouvernement du Québec ait renoncé à ce gel des frais de scolarité dont il a été largement démontré qu'il étrangle les universités, nuit à leur développement et à celui de la société québécoise dans son ensemble et constitue une mesure socialement régressive. Il doit poursuivre dans cette voie, sans tenir compte du lobby corporatiste des étudiants, qui n'a pas le soutien éclairé de la population sur cette question, et décréter une hausse progressive des frais de scolarité qui permette de rattraper la moyenne canadienne dans des délais assez rapprochés (10-12 ans). Cela permettrait aux universités du Québec de toucher environ 450 millions de dollars de plus par année (dollars de 2004-2005). Il doit aussi permettre aux cégeps d'augmenter leurs frais d'admission qui sont ridiculement bas et constituent une invitation au *farniente*, à l'abandon systémique et à l'échec scolaire : malheureusement, on n'apprécie vraiment que ce qu'on gagne ou ce pour quoi on paie. Il doit enfin revoir de fond en comble le système de prêts et bourses pour en faire un système généreux qui aide les étudiants nécessiteux et favorise en même temps la compétence et la volonté de réussir.

Les partisans du gel et de la gratuité qualifient évidemment ceux qui favorisent la hausse des droits de néolibéraux prônant une conception individualiste, élitiste et marchande de l'éducation. Mais ce n'est pas parce qu'on accole des étiquettes à un adversaire qu'on a remporté le débat. En fait, le jupon de leur anticapitalisme marxisant ou anarchisant dépasse de leurs grimoires et leur immobilisme virulent, costumé en justice sociale, repose en fait sur un corporatisme inique et indéfendable, qui suppose « un transfert de richesse injustifié de la part d'une population de gagne-petit envers ceux qui seront demain les citoyens les plus privilégiés »[36]. Ces « nonistes » d'un autre genre confondent l'égalitarisme à la soviétique ou à la cubaine (ou même à la Fra Dolcino[37]), qui est leur véritable fonds de commerce, avec l'équité et la justice sociale. Or, égalité ne rime pas nécessairement avec justice, comme de multiples exemples historiques l'ont montré, et ne se conjugue pas avec liberté, comme l'a démontré l'historien François Furet[38]. En d'autres mots, on peut se draper de vertu et de grands principes et s'égosiller à scander des « so-so-so-solidarité » tout en défendant l'iniquité sociale. Surtout quand celle-ci nous profite!

---

36. *Ibid.*
37. Hérétique des XIIIᵉ-XIVᵉ siècles qui prônait l'abolition de la hiérarchie ecclésiale (en allant jusqu'au meurtre des évêques et des cardinaux) et un partage total des biens entre les membres de la communauté.
38. François Furet. *Le passé d'une illusion. Essai sur l'idée communiste au XXᵉ siècle.* Paris, Robert Laffont/Calmann-Lévy, 1995. 580 p.

Conclusion

L e Québec du début du XXIe siècle fait face à de nombreux défis : maintenir le niveau et la qualité de vie de ses citoyens, sinon les augmenter; préserver l'environnement pour les générations futures; assurer aux citoyens et aux démunis des services sociaux suffisants et de qualité; réduire la dette publique de façon à ne pas hypothéquer l'avenir; tenir en état les infrastructures exis-tantes et en développer de nouvelles au besoin; attirer des immigrants qui sauront s'intégrer à notre société et la faire profiter de leur dynamisme et de leurs talents; soutenir l'excellence de l'enseigne-ment et de la recherche universitaires; stimuler l'ingéniosité, la compétitivité et la productivité de ses entreprises dans un contexte de mondialisation. En quelques mots, se développer avec dynamisme tout en préservant une certaine harmonie entre groupes sociaux, ethnies et générations, et ce, avec le moins de dommages possible pour l'environnement.

Pour ce faire, ses citoyens, ses entreprises et son gouvernement devront créer de la richesse, et si possible en plus grande quantité qu'ils ne le font actuellement, compte tenu de l'importance des défis qui l'attendent et de sa pauvreté relative au regard des autres états et provinces du continent nord-américain, comme l'a brillamment démontré Alain Dubuc. Mais « le virage dans la façon de définir nos objectifs collectifs pour que la création de richesse soit au cœur du projet québécois » que préconise ce dernier requiert un certain consensus et une volonté collective de changement. Hélas, le climat idéologique actuel est, comme le déplorent plusieurs politiciens, entrepreneurs et penseurs, plutôt morose et confine à l'immobilisme, comme le montrent les débats acrimonieux qui s'élèvent au sujet de chaque projet de développement et les difficultés énormes que rencontrent les promoteurs et les gouvernements depuis plusieurs années déjà.

C'est la raison principale pour laquelle j'ai entrepris, dans cet essai, de dénoncer les acteurs et les facteurs principaux de ce climat de « nonisme » et de déconstruire le discours des éteignoirs pour démontrer que celui-ci n'est pas, contrairement à leurs prétentions, un vecteur de progrès, mais un symptôme de blocage intellectuel relevant d'un anticapitalisme infantile, un frein à la création de richesse et une nuisance sociale, leurs actions desservant objectivement les personnes et les valeurs qu'ils prétendent défendre.

Dans le chapitre premier (« Les éteignoirs »), j'ai fait, avec une certaine dose de sarcasme et d'humour, le portrait des principaux éteignoirs, ce qui a permis de faire ressortir leurs motivations et de cerner leurs leitmotiv. Deux constantes en sont ressorties : l'anticapitalisme, généralement mal digéré, dans lequel ils pataugent tous plus ou moins; et leur affirmation universelle (et souvent trompeuse) d'appartenir au grand mouvement historique de la gauche et de contribuer au progrès. Dans le chapitre deux (« L'anticapitalisme au Québec »), j'ai fait ressortir les racines historiques et idéologiques de cet anticapitalisme et j'ai analysé quelques documents issus de la nébuleuse sénestre, dont l'essai, symptomatique du dégoût pour l'argent éprouvé par une partie de notre intelligentsia, d'un professeur d'anthropologie, le pamphlet dégoulinant de vertu et exsudant la haine de classe de la pasionaria de Québec solidaire et le brûlot anti-entreprises et anti-« riches » des professeurs de comptabilité de l'UQAM : nous y avons mieux compris pourquoi et comment les éteignoirs divers en sont imbibés. Le chapitre trois (« Être de gauche dans le regard des autres ») m'a permis de déconstruire le discours dit de gauche au Québec et de démontrer que le fait de se réclamer de celle-ci a souvent moins à voir avec le progrès et la justice qu'avec le conformisme, l'insécurité, la rectitude, la confusion intellectuelle ou même la mauvaise foi. Les chapitres quatre (« L'affaire Rabaska : " pas dans ma cour, c'est trop dangereux " »), cinq (« Le POPIR contre les condos : utopie à la sauce dix-neuviémiste ») et six (« La Rupert : la nature sauvage contre l'environnement ») m'ont permis d'analyser le discours des « nonistes » sur trois projets de développement : un port méthanier dans la région de Québec, des condominiums (avec logements sociaux) dans un quartier populaire de Montréal et le harnachement hydroélectrique d'une rivière vierge du Nord québé-cois. Dans le cas de Rabaska, j'ai démontré la faiblesse et la dimen-sion hystérique des arguments des opposants, essentiellement des tenants du « pas-dans-ma-cour ». Le projet de construction de condos dans l'ancienne usine d'Imperial Tobacco à Saint-Henri a fait ressor-tir l'anticapitalisme primaire et virulent des membres du POPIR et le caractère utopique et misérabiliste de leurs positions. Quant au projet d'Hydro-Québec de détourner la Rupert, il m'a amené à illustrer le romantisme et le manque de vision globale de certains écologistes qui refusent de peser le pour et le contre d'un tel projet, globalement positif, au nom de la préservation absolue de la virginité de ladite rivière, et qui proposent des solutions de rechange irréalistes. Quant au chapitre 7 (« Les droits de scolarité : le corporatisme borné des nantis de demain »), il révèle les fondements corporatistes et sociale-ment iniques de la position des tenants du gel des frais et de la gratuité scolaire et fait apparaître la vacuité de leurs arguments.

Dans leur combat contre les projets de développement ou au nom de certains principes comme le gel des frais ou des tarifs, les éteignoirs disposent d'une panoplie d'armes qui leur confèrent souvent une importance disproportionnée par rapport à leur poids réel au sein de l'opinion publique : parmi celles-ci, les plus importantes sont la pétition, la manifestation, l'appel à la population par le biais des médias, les injonctions (et non les requêtes) aux gouvernements et la demande de moratoire.

Qui d'entre vous n'a jamais signé une pétition sans l'avoir lue ou même sans en connaître la teneur? Jadis geste solennel impliquant une requête aux pouvoirs publics, la pétition est devenue si fréquente et si banale que nous ne lui accordons pratiquement plus aucune importance. Elle fait pourtant partie de tous les combats sociaux (elle en est souvent l'acte fondateur) et la plupart d'entre nous en signent plusieurs par année. Rarement par conviction, mais plus souvent par conformisme, rectitude ou peur de déplaire. Malgré sa dévaluation et le fait que son poids politique est désormais inférieur à son poids en papier (ou même en « k » ou en « gig »), elle est restée un incontournable moyen de manifester son opposition et constitue une des armes (émoussée, cela va sans dire) de l'arsenal des éteignoirs.

La manifestation constitue le point d'orgue de tout mouvement d'opposition « citoyenne » et provoque chez certains « nonistes » un état extatique. Certains pros n'en manqueraient pas une et font parfois des milliers de kilomètres (sans doute à pied ou à vélo pour ne pas contribuer à l'effet de serre) pour pouvoir dire qu'ils « y étaient ». Malgré sa prétention à constituer un moyen de pression face aux pouvoirs publics ou contre les promoteurs, elle est en fait un rituel religieux. Elle commence toujours par une procession, qui comporte des incantations contre le mal (« Mort à l'Amérique »; « À bas le profit ») et les suppôts de Satan (« Bush au pilori! »), des répons (« So-so-so, solidarité »), des mantras (« Le peuple uni ne sera jamais vaincu ») et parfois des chants sacrés (*L'Internationale, Le temps des cerises* ou *Quand les hommes vivront d'amour,* par exemple). Elle porte aussi en elle la possibilité de sacrifices humains, certains de ses participants s'exposant volontairement au poivre de Cayenne et aux gaz lacrymogènes, recherchant l'arrestation musclée ou se faisant infliger des scarifications ou des hématomes (évidemment dus à la « brutalité policière ») qu'ils exhiberont ensuite devant leurs coreligionnaires comme des preuves de leur immolation pour le bien et la justice. Elle est aussi l'occasion d'une purification ou même d'un exorcisme, le manifestant démontrant à la face (médiatisée) du monde qu'il a expulsé le mal de sa personne et qu'il a renoncé à Lucifer, à ses pompes et à ses œuvres. Elle a bien sûr ses martyrs, tombés au combat pour la cause, sanctifiés et élevés au rang d'icônes. Mais elle est surtout, comme les rites de toutes les confessions, une façon pour les élus de se reconnaître entre eux et de se distinguer des infidèles, le moment privilégié où communient les apôtres et les prosélytes de la bonne parole. Tenue jadis sur le mode « enragé », elle a pris depuis une quinzaine d'années un visage festif (avec ses horripilants tambours) et clownesque (avec ses masques et ses déguisements) qui détourne l'attention de la variété des motifs de ses participants (des corporatistes et des protectionnistes aux bien-pensants en passant par les anarchistes) et de son potentiel de violence, qu'aucun de ses organisateurs ne daigne condamner sous prétexte de démocratie, de liberté, de participation citoyenne et d'union contre le mal et le danger.

Le mouvement « noniste » ne saurait bien sûr exister sans ses appels inlassables à l'opinion publique, le plus souvent sur le mode catastrophiste. Le ton des communiqués ou des conférences de presse est toujours dramatique, pour ne pas dire alarmiste, les porte-parole exhibant des faces de mi-carême et arborant des mimiques désabusées qui sont censées faire comprendre au spectateur la lourdeur de leur fardeau et l'importance, cruciale il va sans dire pour l'avenir de l'humanité ou de la planète, de leur combat. Rarement pédagogique, souvent moralisateur et sans nuance, le discours « noniste » ne vise pas à convaincre mais à inquiéter, ou même à effrayer. Il ne cible pas la raison de ses auditeurs, mais leurs sentiments et vise à stimuler en eux l'insécurité et à y cultiver le doute et, surtout, à obtenir l'aval indispensable des sondages d'opinion (qu'on dénoncera par ailleurs comme manipulés ou non représentatifs s'ils sont défavorables). La ligne entre le bien et le mal y est tranchée au rasoir (le doute et l'attentisme sont interdits) et la théorie du complot y est abondamment utilisée à l'encontre des gouvernements et des entrepreneurs, qui manigancent pour berner et spolier le bon peuple. Les rengaines les plus farfelues y font florès parce qu'elles surfent sur les grandes peurs collectives, comme la perte de notre territoire ou la dilapidation de nos ressources, associées à l'avidité des étrangers (cette xénophobie de gauche étant perçue comme légitime, tandis que celle de droite, qualifiée de raciste, est honnie). Un certain millénarisme, fondé sur la vieille peur chrétienne de la fin du monde, y pointe souvent le bout du nez. Avec ces recettes éculées, mais ô combien efficaces, les « nonistes » réussissent toujours à obtenir des journalistes et des médias, généralement complaisants pour ne pas dire complices, un temps d'antenne disproportionné au regard de leur place réelle dans l'opinion publique et de l'importance objective de leur message.

Dans leurs communiqués ou leurs conférences de presse, les « nonistes » lancent souvent des ultimatums aux gouvernants, qui ne sauraient trancher le litige autrement qu'en leur faveur sans être des traîtres et des complices des exploiteurs et des pillards. Le politicien qui aura l'outrecuidance d'approuver le projet honni sera qualifié de vendu ou d'aliéné, éminemment méprisable. Leur cause est d'une justesse si absolue et si évidente qu'ils ne formulent pas de requêtes aux autorités publiques, mais exigent celles-ci qu'elles se rendent à leurs diktats et abdiquent leur responsabilité d'arbitres entre les différents acteurs sociaux et économiques. Ils voueront une haine personnelle et inextinguible aux membres du gouvernement ou du conseil municipal qui aura autorisé l'abject projet et les poursuivront de leur vindicte devant leur résidence, dans les pages d'opinion et dans les urnes jusqu'à la mort.

Finalement, quand le projet aura franchi toutes les étapes et qu'il aura été jugé acceptable par toutes les commissions d'enquête et tous les bureaux d'examen existants, puis autorisé par les autorités publiques de tous les paliers, ils profiteront de la publication de cette autorisation ou de son lancement officiel pour réclamer, avec des trémolos dans la voix et sur l'air de la patrie en danger, un moratoire, et ce, bien que toutes ces études et analyses aient retardé sa mise en œuvre de plusieurs années et qu'il ait été examiné sous toutes les coutures. Quoique prévisible et de peu d'effet, c'est l'éteignoir ultime, le fil de pêche (gros comme un câble de transatlantique) avec lequel ils espèrent noyer le poisson. Les autorités ayant refusé d'accéder à leur demande, ils pourront par la suite les accuser de manque de transparence et de déni de démocratie, le public n'ayant pas été, à leurs dires, suffisamment informé pour se prononcer en toute connaissance de cause.

Le portrait du « nonisme » ayant été tracé, il reste à se demander comment les promoteurs et les gouvernements peuvent (et doivent) agir pour limiter ses effets délétères[1]. Il ne s'agit pas ici de concocter une recette pour leur permettre de « fourrer » le peuple, de saccager la planète et de s'en mettre plein les poches, mais de leur donner quelques outils pour les aider à faire aboutir des projets socialement et écologiquement responsables qui contribueront à produire de la richesse au Québec, condition *sine qua non* pour que celui-ci continue d'être un endroit où il fait bon vivre et où les gouvernements sont en mesure de remplir leurs tâches essentielles, comme la santé et l'éducation, et de promouvoir la justice sociale par des programmes d'aide aux démunis et de redistribution. On ne le répétera jamais assez : plus un pays est riche, plus la solidarité sociale y est forte; plus il est pauvre et plus les inégalités et l'injustice y sont présentes.

---

1. Voir aussi « Pour faire bouger les choses », *La Presse Affaires*, 13 mai 2006, p. 2.

Une des conditions essentielles au succès d'un projet est l'obligation, pour les promoteurs, de faire preuve de transparence et d'expliquer clairement, dès son lancement, toutes ses caractéristiques, ses avantages comme ses inconvénients, sans qu'il soit requis ici de sombrer dans l'angélisme. Il faut bien comprendre que la moindre obscurité dans le projet sera montée en épingle et fera les choux gras des amateurs de la théorie du complot, qui pourront ainsi ameuter l'opinion publique et les autres groupes de pression (qui sont toujours à l'affût et disponibles pour dénoncer le profit et les dangers omniprésents).

Les promoteurs sont aussi assujettis à une obligation d'informer la population concernée avant la mise en œuvre du projet comme pendant la réalisation de ses étapes. Communiqués de presse, lettres d'opinion, rencontres avec les populations directement concernées, sites Web sont autant de moyens qu'ils auront avantage à utiliser avec régularité et dans un souci d'ouverture et de transparence. Ils pourront aussi profiter de ces tribunes pour déconstruire le discours des « nonistes » à tout crin et démontrer sa vacuité ou son caractère hystérique lorsque c'est le cas. Mais sans arrogance.

Il faudra aussi gagner la bataille de l'opinion publique. Pour cela, on fera appel à tous les alliés potentiels, gens d'affaires de la région qui profiteront des retombées économiques, ouvriers et syndicats intéressés par les emplois, citoyens favorables au projet pour divers motifs. Ils pourront jouer un rôle important comme l'a démontré l'affaire Rabaska. On devra aussi utiliser toutes les tribunes disponibles, y compris les pages d'opinion dans les journaux et les émissions d'affaires publiques des médias. Et ne pas mettre tous les opposants dans le même sac ni considérer que tous les arguments mis de l'avant par les groupes de pression ont la même valeur ou la même résonance dans la population, qui en général sait faire la différence entre les opposants de bonne foi et les « nonistes » de carrière. Et faire preuve d'ouverture, de patience et de pédagogie. Car si la démagogie est tolérée dans le discours des éteignoirs, elle est stigmatisée chez les décideurs.

Mais l'information à elle seule ne suffira pas à dissiper les craintes : encore faut-il écouter les doléances des individus et des groupes concernés par le projet (citoyens, environnementalistes, groupes de pression, syndicats ouvriers, gens d'affaires, etc.). Et être ouvert à des aménagements éventuels pour satisfaire les revendications de bonne foi et calmer les angoisses et les appréhensions. Il faut en effet savoir que la population du Québec, plus que ses voisines en Amérique du Nord, craint le changement et recherche avant tout la sécurité comme le montrent sa fixation sur les mamelles de l'État (le soi-disant « modèle québécois ») et la sacralisation du *statu quo* qui la caractérise. Tout projet rencontrera par conséquent une opposition immédiate et parfois féroce. « Ces mécanismes de défense sont légitimes et parfaitement compréhensibles. Ils imposent à ceux qui veulent changer les choses l'obligation d'expliquer leurs projets le mieux possible pour dissiper les craintes inutiles, pour limiter les impacts négatifs, pour soutenir ceux qui pourraient devenir des victimes, pour que la plus grande proportion possible de citoyens sorte gagnante du processus[2] ».

Une fois l'information transmise, les consultations faites et les éventuelles modifications nécessaires effectuées, il faudra fermer le projet et aller de l'avant, à moins que des faits nouveaux et importants n'imposent un moratoire ou d'autres changements. Les promoteurs ont en effet intérêt à ne pas confondre ouverture et pusillanimité et à ne pas rouvrir les hostilités avec les éteignoirs professionnels qui, c'est bien connu, ne se reposent jamais.

Par contre, nul ne doit espérer un illusoire consensus : certains des « nonistes », en particulier les apparatchiks des groupes populaires et les militants des organismes de pression, ne tolèrent aucun projet d'aucune sorte et, pour eux, nul développement ne sera jamais assez

---

2. Alain Dubuc, *Éloge de la richesse*, Montréal, Les Éditions Voix parallèles, 2006, p. 148.

durable ou social. Les anticapitalistes de conviction (différents des anticapitalistes de circonstance) veulent purement et simplement la mort de l'économie de marché (et fantasment sur la disparition de l'argent et l'extinction du profit). Les adeptes de la simplicité volontaire considéreront toujours qu'on peut se passer du projet et que, de toute façon, les gens produisent trop et consomment trop. Et pour les écologistes radicaux, aucun projet ne satisfera jamais au critère de nécessité.

Marquis imprimeur inc.

Québec, Canada
2007